事业单位
内部控制研究

吴趁心　黄阎莉　著

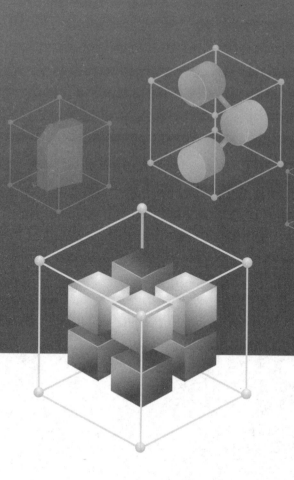

延边大学出版社

延吉

图书在版编目（CIP）数据

事业单位内部控制研究 / 吴趁心，黄阎莉著 . —— 延吉：延边大学出版社，2023.7

ISBN 978-7-230-05181-1

Ⅰ．①事… Ⅱ．①吴… ②黄… Ⅲ．①行政事业单位—内部审计—研究—中国 Ⅳ．① F239.66

中国国家版本馆 CIP 数据核字（2023）第 125672 号

事业单位内部控制研究

著　　者：吴趁心　黄阎莉
责任编辑：翟秀薇
封面设计：文合文化
出版发行：延边大学出版社

社　　址：吉林省延吉市公园路 977 号　　　邮　编：133002
网　　址：http://www.ydcbs.com　　　E-mail：ydcbs@ydcbs.com
电　　话：0433-2732435　　　传　真：0433-2732434
印　　刷：天津市天玺印务有限公司
开　　本：787 毫米 × 1092 毫米　　　1/16
印　　张：14.25
字　　数：200 千字
版　　次：2023 年 7 月第 1 版
印　　次：2024 年 3 月第 2 次印刷
书　　号：ISBN 978-7-230-05181-1

定　　价：72.00 元

前　言

2011 年 11 月 10 日，财政部开始对《行政事业单位内部控制规范（征求意见稿）》广泛征求意见，于 2012 年 11 月 29 日印发《行政事业单位内部控制规范（试行）》，2014 年 1 月 1 日起全国执行，正式启动了行政事业单位内部控制建设与实施的系统工程。内部控制既是事业单位的一项重要管理活动，又是一项重要的制度安排，是事业单位治理的基石。

内部控制作为事业单位提高内部管理质量的关键途径，重点强调在管理过程中将风险预防作为核心，通过构建完善的内部体系与程序，避免出现高风险事件或者舞弊现象，进而提高企业内部管理的质量和效率。事业单位的内部控制突出控制的过程，要与财务系统、管理系统以及会计系统等深度结合，单位中任何一项经济活动都需要将预算编制当作前提条件，每一个部门都应严格履行自身职责，进一步实现对目标的约束与监督。

事业单位经济业务相对简单，运转环节少，多年形成一套固定的工作流程。但随着社会经济发展，事业单位对财务会计的要求越来越高，事业单位迫切需要财务人员能够在融资投资等资本运作、经营性资产的监督管理等方面提供更科学可行的决策依据。要满足事业单位的发展要求，必须在事业单位内部建立一套安全有效的内部控制制度，只有在内部控制制度的监督下，才能保证国有资产的安全和增值。

本书结合事业单位的实际情况，分析了事业单位在单位层面、业务层面内控建设中存在的问题，通过探究分析，提出了增强内部控制意识、甄别防控重点领域风险、加强内部控制信息化建设、优化内控有效性评价与监督等改进措施，以期助力事业单位进一步完善内控建设。

内部控制作为我国事业单位管理工作中的关键性内容，不仅能够有效提升事业单位的内部管理工作效率，还能实现单位内部各项管理目标。然而内部控制工作并不是一朝一夕就能完成的事情，事业单位只有真正认识到内部控制的意义，紧跟业务发展的步伐，加强内部控制意识，优化内控环境，完善内部控制体系，构建内控机制，优化预算管理组织，加强预算管理流程，才能让事业单位的内部控制管理真正发挥出自身价值。

CONTENTS 目录

第一章 内部控制概述

第一节 内部控制的概念

正确理解内部控制的概念，对于学习、掌握和运用内部控制理论，指导内部控制实践，具有非常重要的意义。

一、内部控制的定义

内部控制由"内部"和"控制"两个词构成。其中"内部"是限定语，"控制"是落脚点，"内部"明确"控制"的范围，"控制"揭示"内部"的内涵和实质。

内部控制中的"内部"有双重含义：一是指内部控制的责任主体。内部控制是由企业的内部人员实施的控制，上至董事长、总经理，下至基层岗位的员工，以区别于企业外部的人员，如财政、税务、注册会计师等进行的控制。二是指内部控制的范围。内部控制就是在企业内部实施的控制活动，涉及企业内部经营活动人、财、物的方方面面，对供应、生产、销售等业务实施的控制活动。但是在理解"内部"含义时，不能片面地认为内部控制就是企业"内部"

的事，不涉及外部相关方。这里的"内部"不单是指企业内部的独立流程，也包括企业与投资者、债权人、供应商、客户、政府监管部门等外部利益相关方之间发生的内外衔接流程。也就是说，有效的内部控制不仅能帮助企业解决自身的问题，还有助于改善企业与外部相关方的关系。

内部控制中的"控制"，有掌握、驾驭、管理或支配的含义，最初常见于工程学科，指"掌握住对象，不使其任意活动或超出范围"，后来拓展应用于管理学科，表示"判定组织是否朝着既定的目标健康地向前发展，并在必要时采取纠正措施"。控制是一种有规范、有目的、有约束的管理行为。

从西方的内部控制发展历程看，在美国反虚假财务报告委员会下属的发起人委员会（COSO）报告颁布之前的发展阶段，一般把内部控制概念界定为"措施、方法和程序"，只是从静态角度认识内部控制，将内部控制理解为某项制度或状态，带有很大的片面性，因为不同企业的内部控制在措施、程序和方法上的差别不甚显著。由于行业、规模、文化及管理哲学的不同，控制过程却有很大的差异。COSO报告将内部控制视作一个"过程"，认为内部控制与企业经营过程相互交织，"过程"涵盖了"措施、方法和程序"。从动态角度认识内部控制，能够把握内部控制的本质，能够反映内部控制的要求，更能适应建立有效内部控制的需要。许多国家和机构在接受COSO报告过程观的基础上结合本国特点提出内部控制的定义。

我国《企业内部控制基本规范》将内部控制定义为：是由企业董事会、监事会、经理和全体员工实施的，旨在实现控制目标的过程。对内部控制的概念可以从以下三个方面来理解和把握。

第一，内部控制是一种全员控制。全员控制是指内部控制，强调企业全体员工共同参与，人人有责。全员共同参与的内部控制才是真正的内部控制，而不单是上层对下层的控制，做不到这一点，企业不可能实现最终的战略目标。企业的全体员工都要参与内部控制。上至董事长，下至基层岗位的一般员工都是内部控制的主体，只是不同层级的人员（机构）在企业内部控制中的地位和承担的职责有所不同。董事会作为企业最高决策机构，负责内部控制的建立、健全和有效实施；监事会作为企业最高的监督机构，监督企业董事、经理和其他高级管理人员依法履行职责，监督董事会建立与实施内部控制；经理层作为企业的执行机构，是企业内部控制的直接负责人，负责组织领导企业内部控制的日常运行；全体员工都应当树立现代管理理念，强化风险意识，以主人翁的姿态积极参与内部控制的建立与实施，并主动承担相应的责任，而不是被动地遵守内部控制的相关规定。

第二，内部控制是一种全面控制。全面控制是指内部控制的覆盖范围要足够广泛，涵盖企业所有的业务和事项，包含各个层级和环节，而且要体现多重控制目标的要求。内部控制的实质是对风险的控制，是以风险为导向的控制。风险控制是内部控制的出发点，同时是内部控制的落脚点。所谓风险，即偏离控制目标的可能性。企业在实现目标的过程中会遇到各种各样的风险，这些风险并不是独立存在的，而是存在于企业各个层级、各项业务流程之中的，因此有效的风险控制是需要嵌入企业的各个层面和各个部门，与企业的各个业务活动、管理流程相衔接。我国企业内部控制的目标有五个：合理保证企业经营管理合法合规，资产安全、财务报告及相关信息真实完整，提高经营效率和效果，促进企业实现发展战略。因此，企业在设计内部控制活动和流程的过程中，不能仅仅局限于内部会计控制，而应将所有影响以上五个目标实现的风险纳入内部控制的范畴。

第三，内部控制是一种全过程控制。内部控制不仅是过程控制，而且是全过程控制。内部控制不是静态的管理制度，也不是一成不变的控制措施，而是动态的管理过程，它可以在明确控制目标的基础上，识别出影响目标实现的相关风险，找出关键风险控制点，围绕这些关键风险控制点制定相应的控制措施并运用这些控制措施，对相关运行情况进行监督与评价，还要根据发现的问题进一步完善相应的控制措施。内部控制是一个随着内外环境变化不断优化完善的动态过程，只有起点，没有终点，因此必须坚持不懈、持之以恒地持续改进。全过程控制是对企业生产经营过程的控制，是对企业实现发展目标过程的控制。从控制时序上，包括对企业各项经济活动的事前控制、事中控制和事后控制，从内容上，包括内部控制的制度设计、制度实施与监督评价。

以上三方面环环相扣，逐步递进，彼此配合，共同构成了一个完整的内部控制体系。

内部控制的定义在内部控制概念框架中处于基础地位，是内部控制目标、原则、要素推演的理论依据和逻辑起点，也是企业设计和执行内部控制最基本的要求。只有真正做到全员控制、全面控制和全程控制，内部控制的设计才不会出现盲点，内部控制的执行才会合理有效，内部控制的作用才能真正发挥。

二、内部控制的分类

内部控制的分类方式很多，可以按照不同属性进行具体分类。

（一）按照控制内容分类

内部控制可分为企业层面的内部控制与业务层面的内部控制。

1. 企业层面的内部控制

企业层面的内部控制是指对企业控制目标的实现具有重大影响，与内部环境、风险评估、信息与沟通、内部监督直接相关的控制，包括组织架构控制、发展战略控制、人力资源控制、社会责任控制和企业文化控制等内容。企业层面控制的特征并不直接作用于企业的主要经营活动，而是通过业务层面控制对全部经营活动产生影响。

2. 业务层面的内部控制

业务层面的内部控制是指综合运用各种控制手段和方法，针对企业经营活动的具体业务和事项实施的控制，一般包括资金活动内部控制、采购业务内部控制、销售业务内部控制、资产管理内部控制、财务报告内部控制等内容。业务层面的内部控制因企业性质、规模、经营范围和业务特点的不同而千差万别。

企业层面的内部控制决定业务层面的内部控制，因此内部控制建设先要确保企业层面内部控制运行的有效性。长期以来，我国企业内部控制建设存在重视业务层面的内部控制，忽视企业层面的内部控制的倾向。一些企业具体业务的控制流程优化程度较高，但企业层面内部控制存在严重缺陷，从而影响内部控制整体效果的发挥。

（二）按照控制功能分类

内部控制可分为预防性控制与发现性控制。

1. 预防性控制

预防性控制是指为防止错误和舞弊的发生或者为了减少其发生机会所进

行的控制，主要解决"如何能够在一开始就防止错弊发生"的问题。例如，赊销时审核客户的信用情况以减少坏账的发生，采用招投标方式选择理想的供应商，批准付款前将购货发票与验收报告进行核对等，都属于预防性控制。

2. 发现性控制

发现性控制是指为了及时查明已经发生的错误和舞弊行为或者增强发现错弊机会的能力所进行的控制，主要解决"如果错弊已经发生，如何发现和查明"的问题。例如，通过采取账账核对、账实核对、实物盘点等措施，以便及时发现记账差错和财产损失等。

理想的内部控制应以预防性控制为主，以发现性控制为辅。然而预防性控制并不能有效防范所有的错误和舞弊，利用发现性控制可以将某些在其发生以后才能发现的错弊检查出来，并实施控制。

（三）按照控制的时序分类

内部控制可分为事前控制、事中控制和事后控制。

1. 事前控制

事前控制也称原因控制，是指企业为防止人力、物力、财力等资源在质和量上发生偏差，而在行为发生之前所实施的控制，如费用报销前的审批、支票领取前的核准等。事前控制应当是一种积极的防护性控制，具有防范风险的作用。控制者事先应深入实际调查研究，预测发生差错的问题与概率，并设想预防措施、关键控制点与保护性措施。

2. 事中控制

事中控制也称过程控制，是指企业在经营活动过程中针对正在发生的行为所进行的控制，如监督预算的执行过程，对生产过程中的材料消耗实行定额领用制度，对加工中的产品进行质量监控等。事中控制应当是一种有效的过程性控制，具有防错纠偏的作用。在采取行动执行有关控制目标的过程中跟踪一线信息，帮助控制者及时发现问题，采取措施，解决问题。

3. 事后控制

事后控制也称结果控制，是指企业针对经营活动的最终结果而采取的控制措施，如对完工产品进行质量检验、对产品数量进行验收和记录，对预算执行情况进行分析、考评和奖惩等。事后控制应当是一种有效的信息反馈控制，具有亡羊补牢的作用。在实际行为发生以后，总结、分析、比较实际业绩与控制目标之间的差异，采取相应的措施防错纠偏，并给予优秀者奖励，给造成差错者处罚。

理想的内部控制应以事前控制和事中控制为主，以事后控制为辅，这样就可以在采取行动之前或当时起到防错纠偏的作用。

（四）按照控制地位分类

内部控制可分为主导性控制与补偿性控制。

1. 主导性控制

主导性控制是指为实现某项控制目标而首先实施的控制。例如，凭证连续编号可以保证所有业务活动都得到记录和反映，因此，凭证连续编号对于保证业务记录的完整性就是主导性控制。在正常情况下，主导性控制能够防止错弊的发生，但主导性控制存在缺陷。因此，在主导性控制不能正常运行时，就必须有其他的控制措施进行弥补。

2. 补偿性控制

补偿性控制是指针对某些环节的不足或缺陷，能够全部或部分弥补主导性控制缺陷而采取的控制。如果凭证没有连续编号，有些业务活动就可能得不到记录。这时，进行严格的凭证之间、账证之间、账账之间的核对就可以基本上保证业务记录的完整性，避免遗漏重大的业务事项。因此，核对就是保证业务记录完整性的补偿性控制。

在评价内部控制时，应先确定主导性控制是否健全有效，如果健全有效，则表明内部控制系统流程能够发挥控制作用；反之，则应进一步分析是否存在补偿性控制，以及补偿性控制能在多大程度上弥补主导性控制的缺陷。

（五）按照控制手段实现方式分类

内部控制可以分为手工控制与自动控制。

1. 手工控制

手工控制是由人来执行具体控制程序的控制。例如，人工签署采购订单，人工对收到的清单进行核对并且留下手工标记。

2. 自动控制

自动控制是指依赖计算机系统生成的信息，由计算机来执行控制程序的控制。例如，在销售时，对超出信用额度的客户，销售订单会被系统自动冻结等。

第二节　内部控制的目标、原则与要素

内部控制的目标是企业建立和实施内部控制所要达到的目的和效果，内部控制的原则是实现内部控制目标的过程中需要遵循的基本要求，内部控制要素是构成内部控制必不可少的因素。内部控制的目标、原则与要素是内部控制概念框架的重要组成部分。

一、内部控制的目标

内部控制的目标是建立和实施内部控制所要达到的预期效果和所要完成的控制任务。内部控制的目标是认识内部控制基本理论的出发点和实施内部控制的落脚点，是决定内部控制运行方式和方向的关键。

（一）合规性目标——经营管理合法合规

内部控制要合理保证企业经营管理合法合规。企业要在国家法律法规允许的范围内开展经营活动，严禁违法经营、非法获利。守法和诚信是企业健康发展的基石。逾越法律、投机取巧可能会使企业获得短期发展，但终将会付出沉重的代价。内部控制要求企业必须将发展置于国家法律法规允许的基本框架之下，在诚信守法的基础上实现自身的可持续发展。合规性目标强调企业必须遵守社会基本规范，该目标与企业生存密切相关，是预防和控制违法违规的风险和损失的，是内部控制应达到的最基本目标，是实现其他内部控制目标的保证。

企业应当将《会计法》《企业内部控制基本规范》等法律法规的相关要求嵌入内部控制活动和业务流程之中，以便从最基础的业务活动中将违法违规的风险降至最低，从而合理保证企业经营管理活动的合法性和合规性。

（二）资产安全目标——维护资产安全

内部控制要合理保证企业的资产安全。资产安全目标主要是维护资产的安全完整，防止资产流失。资产的安全完整是投资者、债权人和其他利益相关者普遍关注的重大问题，是企业开展经营活动、实现可持续发展的物质基础，也是企业经营者的基本职责。良好的内部控制，应当为资产安全提供坚实的制度保障。资产安全目标包括以下两层含义：一是资产使用价值的完整性。要确保企业货币资金和实物资产的安全，防止被挪用、转移、侵占、盗窃以及无形资产控制权的旁落。二是资产价值的完整性。要防止资产被低价出售，损害企业利益，要充分发挥资产效能，提高资产管理水平。

为了实现资产安全目标，应建立资产的记录、保管和盘点制度，确保资产记录、保管与盘点岗位的相互分离，并明确职责和权限范围。提高资产使用决策的合理性和科学性，以堵塞漏洞、消除隐患，防止资产因不当的经营决策而遭受损失，提升资产使用管理水平。

在美国早期的准则或规范中，比较注重资产安全目标，但在内部控制结构阶段以后，不再突出强调资产安全目标。COSO 报告认为，资产安全目标已经隐含在财务报告的可靠性、经营的效果和效率目标之中。而资产安全目标对于我国企业尤其是国有企业具有非常重要的现实意义，在企业改制、改革过程中，国有资产流失现象十分严重，给国家造成了大量损失。因此，结合我国国情，在确立内部控制目标时，将资产安全目标放在了突出地位。

（三）报告目标——保证财务报告及相关信息真实完整

内部控制要保证企业的财务报告及相关信息真实完整。可靠的信息报告能够为企业管理层提供适合其既定目的的准确而完整的信息，支持管理层的决策和对营运活动及业绩的监控；同时，保证对外披露的信息报告的真实、完整，有利于提升企业的诚信度和公信力，维护企业良好的信誉和形象。

合理保证企业提供的财务信息和相关信息的真实完整，一方面需要企业按照《企业会计准则》的要求如实地核算经济业务、编制财务报告，满足会计信息的一般质量要求；另一方面需要企业采取不相容职务分离、授权审批、日常信息核对等控制活动，防止企业提供虚假的会计信息，抑制虚假交易的发生。

（四）经营目标——提高经营效率和效果

内部控制要合理保证提高企业的经营效率和效果，经济高效地使用企业有限的资源，以最优方式实现企业的目标。经营目标是实现企业战略目标的核心和关键，战略目标的实现只有分解和细化成具体的经营目标才能落实。经营目标要求企业结合自身特定的经营、行业和经济环境，通过健全有效的内部控制，不断提高营运活动的盈利能力和管理效率。

现代企业是一个由多部门、多种管理层次和多个经营环节组成的经济组织，企业经营效率和效果的提高离不开经济组织内部相互之间的沟通与协调。一个良好的内部控制可以从四个方面提高企业的经营效率和效果：①组织精简、权责划分明确，各部门之间、工作环节之间要密切配合，协调一致，充分发挥资源潜力，充分有效地使用资源，提高经营绩效。②优化和整合内部控制业务流程，避免出现控制点的交叉和冗余，也要防止出现内控的盲点，并通过对内部控制程序的严格执行和不断优化，最大限度地提高经营效率。③建立良好的信息与沟通体系，可以使财务信息及其他经营管理信息快速地在企业内部各个管理层次和业务执行层面之间进行有效的流动，从而提高管理层的经济决策和反应的效率。④建立有效的内部考核机制，这样就能对经济效率的高低进行准确的考核，实行企业对部门、部门对员工的两级考核机制，将考核结果落实到奖惩机制中去，对部门和员工起到激励和促进作用，提高工作的效率和效果。

（五）战略目标——促进企业实现发展战略

发展战略是企业在对现实状况及未来趋势进行综合分析和科学预测的基础上，制定并实施的长远发展目标与战略规划。发展战略指明了企业的发展方向、目标与实施路径，描述了企业未来的经营方向与目标纲领，是企业的发展蓝图，关系着企业的长远发展。

内部控制要合理保证促进企业实现发展战略，这是内部控制的终极目标。它要求企业将近期利益与长远利益结合起来，在企业经营管理中努力作出符合战略要求、有利于提升可持续发展能力和创造长久价值的策略选择。

合理保证促进企业实现发展战略，一方面要确保企业能够制定科学合理的发展战略，另一方面也要采取切实可行的措施来保证企业发展战略的有效实施。具体来讲，应达到以下四项要求：①由公司董事会或总经理办公会议制定总体战略目标，并通过股东代表大会表决通过，根据外部环境和内部机构的变化不断调整战略目标，确保战略目标在企业风险容忍度之内。②将战略目标按阶段和内容划分为具体的经营目标，确保各项经营活动围绕战略目标展开。③依据既定的目标实施资源配置，使组织、人员、流程与基础结构相协调，以促成战略实施。④将目标作为主体从事活动的可计量的基准，围绕目标的实现程度和实现水平进行绩效考评。

我国企业内部控制目标包括两个层次：第一个层次是最高目标，即促进企业健康、协调、可持续发展的战略目标。第二个层次是企业经营管理过程中需要始终注意和强调的四个基础目标，包括合规性目标、资产安全目标、报告目标和经营目标。内部控制的目标并不是彼此孤立的，如资产的安全完整问题，直接涉及财务报告的可靠性问题，也直接影响经营的效率和效果问题，同时与法律、法规的合规性密切相关。

我国内部控制的五个目标相互联系、相互影响，共同构成了一个完整的内部控制目标体系。首先，企业应当在合法合规的前提下开展经营活动，合规性目标是最基本的目标，是实现其他控制目标的保证。其次，资产作为企业经营活动的物质基础，资产安全目标是实现经营目标的物质前提；财务报告及相关信息反映了企业的经营业绩，确保财务报告及相关信息的真实完整，以利于相关者作出合理的经济决策，报告目标是经营目标成果的体现与反映；企业经营目标旨在经济有效地使用企业资源，提高经营的效率和效果，经营目标是内部控制的核心目标，是战略目标的细化、分解与落实。最后，只有在上述四个基础目标实现的基础上，才能够提高企业的核心竞争力，促进企业实现发展战略。战略目标是企业内部控制的最高目标，也是与企业使命相联系的终极目标。

二、内部控制的原则

内部控制的原则是企业建立和实施内部控制所应遵循的标准和准绳。我国《企业内部控制基本规范》为企业建立和实施内部控制规定了全面性、重要性、制衡性、适应性、成本效益五项原则。

（一）全面性原则

全面性原则要求内部控制应当贯穿决策、执行和监督的全过程，覆盖企业及其所属单位的各项业务和事项。全面性原则要求企业实行全方位、全过程、全员的控制，不能留有控制的空白点和盲区。全方位指的是在控制层次上不但要涵盖企业总部层面，还要包括分、子公司层面，在控制对象上要覆盖企业各项业务和事项，既包括企业的人、财、物，也包括供、产、销、投融资各环节；全过程要求内部控制贯穿企业相关活动的决策、执行、监督、反馈；全员指的是内部控制的主体，要求企业的董事会、监事会、管理层和其他全体员工共同参与和实施。

（二）重要性原则

重要性原则要求内部控制应当在兼顾全面的基础上，格外关注重要业务事项和高风险领域。全面的内部控制并不意味着面面俱到，这一原则强调企业建立与实施内部控制应当在兼顾全面的基础上突出重点，针对重要业务事项，高风险领域与环节采取更为严格的控制措施，着力防范可能对企业产生"伤筋动骨"的重大风险。例如，企业通常强调的"三重一大"，即重大决策事项、重大项目安排事项、重要人事任免事项及大额度资金运作，实行集体决策和联签制度正是重要性原则的充分体现。

重要性原则的运用还需要一定的职业判断，重要性程度应当根据企业所处的行业环境、经营特点，从业务事项的性质和金额两个方面加以考虑。

（三）制衡性原则

制衡性原则要求内部控制应当在治理结构、机构设置及权责分配、业务流程等方面进行相互制约、相互监督，同时兼顾运营效率。所谓制衡，一般是指权力制衡，即分立为不同部分的权力之间应形成彼此制约的关系，使其中任何一部分都不能独占优势。不受制衡的权力容易产生腐败，而相互制衡则是建立和实施内部控制的核心理念，更多地体现为不相容机构、岗位或人员的相互分离和制约。

贯彻制衡性原则要达到四个方面的要求：①在公司层面的内部治理结构上，形成股东（大）会、董事会、监事会和经理层之间的制衡关系。企业应当根据国家有关法律、法规的规定，按照决策机构、执行机构和监督机构相互独立、权责明确、相互制衡的原则，明确董事会、监事会和经理层的职责权限、任职条件、议事规则和工作程序，建立起所有权、决策权、监督权和执行权各自分离、各司其职的治理结构。②在组织机构设置及权责分配上，企业应当按照科学、精简、高效、透明、制衡的原则，合理设置内部职能机构。明确各机构的职责权限，避免职能交叉、缺失或权责过于集中，从而形成各司其职、各负其责、相互制约、相互协调的工作机制。③在业务流程上，注意将不相容职务相分离。在业务流程设计中，企业可以根据业务流程的环节设置职能不同的岗位，将授权、执行、记录、保管、监督等环节相互分离，不能由一个岗位完成两个及两个以上的环节，应使不同岗位形成相互牵制的关系，从而防止错误或舞弊的发生，达到业务流程的制衡。④制衡不能影响运营效率。制衡作为一种机制，不能以牺牲运营效率为代价，应该作到既相互制衡又相互配合，既相互牵制又相互协调，各项业务程序和办理手续需要紧密衔接，避免业务办理中的相互扯皮和脱节现象，减少矛盾和内耗，保证经营活动的连续性和有效性，这也是对制衡性原则的深化与补充。

（四）适应性原则

适应性原则要求内部控制与企业经营规模、业务范围、竞争状况和风险水平等相适应，并且能随着情况的变化加以调整。适应性原则强调的是企业建立与实施内部控制绝非一蹴而就，要克服一劳永逸的思想，作到与时俱进，在保持相对稳定的基础上不断加以优化改进。内部控制具有很强的时效性与环境适应性，企业内部控制并不存在一个标准的、固定不变的模式，由于每个企业所处的行业、经营规模、企业文化、员工素质等方面各不相同，企业的内外部环境、竞争状况、风险水平等因素也存在差异，因此企业在设计内部控制时必须从本企业的实际出发，不可生搬硬套其他企业的内部控制，否则会使设计的内部控制流于形式，难以真正发挥作用。对已经建立起来的内部控制也要随着企业内外部环境的变化、经营业务的调整、管理要求的提高等因素的变化，适时地对内部控制加以调整和完善。

（五）成本效益原则

成本效益原则要求内部控制应当权衡内部控制实施成本与预期获得的效益，以适当的成本实现有效控制。成本效益原则是经济学中的一个最基本的理性概念，表现为理性的经济人总是以较小的成本去获取更大的效益，一般也被认为是经济活动中的普遍性原则和约束条件，同样适用于企业的内部控制。内部控制是企业为实现既定的经营目标而在内部建立和实施的各种控制方法、措施和程序所形成的控制机制，这些方法、措施、程序的建立和实施需要花费一定的成本，如企业自行或委托外部咨询机构设计内部控制。

设置岗位及配备人员，确保各控制环节的运行，建立融入内部控制要求的信息系统，聘请注册会计师进行内部控制审计等，都必须付出代价。而内部控制的效益是建立和实施内部控制所应达到的控制目标，即企业经营管理的合法合规、资产安全、财务报告及相关信息真实完整，有利于提高经营效率，促进企业实现发展战略。

贯彻成本效益原则有两方面的要求：①实行有选择的控制，努力降低内部控制的成本。在通常情况下，内部控制的环节越多，控制的措施和方法越严密，则控制效果越好，但相应的内部控制成本就可能越高，因此企业要合理而精心地选择控制的关键环节，按照重要性原则，关注重要业务事项和高风险领域，抓住关键风险控制点。在确保内部控制有效性的前提下，减少过于烦琐的程序和手续，精简机构和人员，改进控制方法和手段，避免重复劳动，提高控制效果和效率。②要从企业可持续发展的角度来权衡。内部控制的成本是现实的，相对于效益而言更容易计算和量化，而内部控制的预期效益是建立和实施内部控制所达到的目标，是避免风险和损失的可能性，很显然这种效益是未来的，具有很大的不确定性。因此，企业要防止短视行为，要从企业整体利益和长远利益出发。尽管某些控制会增加成本，影响工作效率，但可能会避免整个企业遭受更大的风险和损失。

企业在建立和实施内部控制时不能只考虑一项原则，而必须综合应用上述五项原则，兼顾各项原则的要求，构建和运行自身适用的内部控制。

三、内部控制的要素

内部控制的要素是指构成内部控制必不可少的组成部分，是内部控制的基本框架。内部控制要素的内容及构成方式，决定内部控制的内容与形式，直接影响内部控制质量的高低。

从内部控制的发展历程看，内部控制要素的划分经历了"三要素""五要素""八要素"的发展变化。内部控制的发展历史也是内部控制要素不断充实和完善的过程。1988年，美国注册会计师协会发布的《财务报表审计中对内部控制结构的考虑》确立了内部控制结构，指出内部控制结构包括控制环境、会计系统和控制程序三个要素，标志着内部控制内容要素化体系的初步形成。1992年，COSO发布的《内部控制——整合框架》，将内部控制作为一个系统，提出了内部控制由控制环境、风险评估、控制活动、信息与沟通、监控五个既相互独立又相互联系的要素构成，同时又将这五个要素作为评价内部控制有效性的标准。2004年，COSO从全面风险管理的高度出发，提出了《企业风险管理——整合框架》，对内部控制要素进一步细化和充实，提出风险管理由内部环境、目标设定、事项识别、风险评估、风险应对、控制活动、信息与沟通、监控八个相互关联的要素所组成。

我国《企业内部控制基本规范》合理借鉴了以美国COSO报告为代表的国外内部控制框架，并根据我国国情进行了较大调整和改进，在形式上借鉴了COSO报告五要素框架，同时在内容上体现了风险管理八要素框架的实质，将内部控制分为内部环境、风险评估、控制活动、信息与沟通和内部监督五大要素。

（一）内部环境

内部环境是企业建立与实施内部控制的基础，一般包括治理结构、机构设置及权责分配、内部审计、人力资源政策和企业文化等。内部环境直接影响内部控制的价值观念、风险偏好、组织形式和管理风格，是其他内部控制构成要素的基础，在企业内部控制建立与实施中发挥着基础性作用。现代企业如果没有良好的内部环境，那么内部控制就会形同虚设。

（二）风险评估

风险是指一个潜在事项的发生对目标实现产生影响的可能性。风险评估是企业及时识别、系统分析经营活动中与实现内部控制目标相关的风险，合理确定风险应对策略，实施内部控制的重要环节。风险评估主要包括目标设定、风险识别、风险分析和风险应对等环节。

（三）控制活动

控制活动是指企业结合具体业务和事项，运用相应的控制政策和程序（或称控制手段）实施控制。企业应当根据风险评估结果，通过手工控制与自动控制、预防性控制与发现性控制相结合的方法，采取相应的控制措施，将风险控制在可承受度之内。控制活动是实施内部控制的具体方式。常见的控制措施一般包括不相容职务分离控制、授权审批控制、会计系统控制、财产保护控制、预算控制、运营分析控制和绩效考评控制等。

（四）信息与沟通

信息与沟通是企业及时准确地收集、传递与内部控制相关的信息，从而确保信息在企业内部、企业与外部之间进行有效沟通。信息与沟通是实施内部控制的重要条件，其内容主要包括建立信息与沟通制度、提高信息质量和有用性、及时沟通与反馈信息、利用信息技术建立信息系统和建立反舞弊机制等。信息与沟通的方式灵活多样，但无论哪种方式，都应当保证信息的真实性、及时性和有用性。企业应当建立信息与沟通制度，明确内部控制相关信息的收集、处理和传递程序，确保信息及时沟通，促进内部控制有效运行。

（五）内部监督

内部监督是企业对内部控制建立与实施情况进行监督检查，评价内部控制的有效性，对于发现的内部控制缺陷应当及时加以改进。内部监督是实施内部控制的重要保证，是对内部控制的自我控制。企业应当制定内部控制监督制度，明确内部审计机构和其他内部机构在内部监督中的职责权限，规范内部监督的程序、方法和要求。对在监督过程中发现的内部控制缺陷，应当分析缺陷的性质和产生的原因，提出整改方案，采取适当的形式及时向董事会、监事会或者经理层报告。企业应当在日常监督和专项监督的基础上，定期对内部控制的有效性进行自我评价，出具自我评价报告。

内部控制五大要素之间既相对独立又相互联系，形成了一个有机的统一体。

内部环境是实施内部控制的重要基础。内部环境对内部控制其他要素产生深刻影响。内部环境的好坏直接决定内部控制其他要素能否有效运行。

风险评估是实施内部控制的重要依据。企业在实施战略的过程中会受到内外部环境的影响，风险评估是企业运用一定的技术手段识别会影响战略目标实现的有利因素和不利因素，结合定量、定性分析出与控制目标相关的风险，合理确定相应的风险应对策略，为采取控制活动提供依据。

控制活动是实施内部控制的重要手段。根据明确的风险应对策略，企业需要及时采取控制措施，将风险控制在可承受度之内。

信息与沟通是实施内部控制的重要条件和载体。信息与沟通在五大要素中处于承上启下、沟通内外的关键地位，发挥着纽带和桥梁作用。内部环境与其他要素之间的相互作用需要通过信息与沟通来完成；风险评估、控制活动和内部监督的实施需要以信息与沟通结果为载体，各项要素的实施结果也需要通过信息与沟通渠道来反馈与交流。如果缺少了信息传递与内外沟通，那么内部控制其他要素之间就可能无法保持紧密的联系，内部控制将变成一盘散沙，也就不再是一个有机的整体。

内部监督是实施内部控制的重要保证。内部监督是对内部控制建立与实施情况的监督检查，对内部控制设计和运行质量进行评价，从中发现企业内部控制的缺陷，完善内部控制体系，提高内部控制的有效性。

第三节 内部控制的措施

一、不相容职务分离控制

不相容职务分离控制能够解决合理的职责分工问题，是组织机构设置和岗位分工的基本要求，在内部控制设计中处于非常重要的地位。

（一）不相容职务分离控制的含义

不相容职务是指由一个人担任既可能发生错误和舞弊行为，又可能掩盖其错误和舞弊行为的职务。对于不相容职务若不实行相互分离的措施，就容易产生错误和舞弊行为。例如，在采购活动中，批准采购与直接经办采购物资就属于两项不相容职务，如果这两项职务由一个人承担，就会出现这名员工既有权决定采购什么、采购多少，又可以选择供应商，决定采购价格、时间等，若没有其他岗位或人员的监督制约，很容易发生舞弊行为。又如，一个企业的出纳人员既负责签发支票，又负责保管支票印章，就存在其擅自利用支票进行提款的隐患。不相容职务分离就是将那些不相容职务分别由两个或两个以上人员担任，以利于相互监督，减少错误和舞弊行为发生的可能性。

我国《企业内部控制基本规范》第二十九条规定：不相容职务分离控制要求企业全面系统地分析、梳理业务流程中所涉及的不相容职务，实施相应的分离措施，形成各司其职、各负其责、相互制约的工作机制。

（二）不相容职务分离控制的内容

不相容职务分离控制的核心是"内部牵制"，即一个人或一个部门不能自始至终地处理一项业务的全过程。它要求企业每项经济业务都经过两个或两个以上的部门或人员的处理，使得一个人或一个部门的工作与其他人或部门的工作相联系，并受其监督和制约。在通常情况下，企业的经济活动一般可以划分为申请、审批、执行、记录四个步骤。如果每一个步骤都由相对独立的人员或部门分别实施或执行，就能够保证不相容职务的分离。根据大部分企业的经营管理特点和一般业务性质，企业需要加以分离的不相容职务主要有以下五种：①授权审批职务与业务执行职务。这是职责权限的垂直分离，如果将投资审批与投资业务执行都交给一个人办理，则投资会出现随意、无效的状况，增加了投资失误的风险。②业务执行职务与相应的会计记录职务。这是对交易轨迹的流程分离，如果业务执行人同时对自己所经办的事项进行记录，就可能降低会计信息的质量。③业务执行职务与财产保管职务。这是保护财产安全的接触分离，在财产到达企业之前，业务执行人员有机会直接接触实物，由专门的财产保管人员对其行为加以监督，可以减少财产发生丢失和毁损的可能性。④会计记录职务与财产保管职务。这是保护财产安全的记录分离，会计记录是反映财产的数量、质量情况的书面证明，财产保管人员若同时负责财产的记录，就会增加篡改会计记录、盗窃财产的可能性。⑤业务执行职务与审核监督职务。这是对交易活动监督职责的分离，审核监督是对交易的最后控制环节，如果业务执行人同时承担审核职务，就意味着降低了此前所有不相容职务分离措施实施的效果，可能会导致更大的风险。

上述不相容职务分离控制关系如图 1-1 所示。

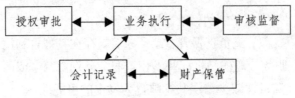

图 1-1　不相容职务分离控制关系

以上五种不相容职务是普遍存在于各类企业经营管理活动中的不相容职务。事实上，企业实际存在的不相容职务远不止这些。每一家企业所处行业、规模、经营性质与特点各不相同，企业应当根据具体业务流程和特点，完整、系统地分析和梳理执行该项业务活动所涉及的不相容职务，并结合岗位职责分工采取分离措施。有条件的企业可以借助计算机信息技术系统，通过权限设定等方式实现不相容职务的相互分离。

不相容职务分离通常围绕着具体的业务流程进行。以采购与付款业务流程为例，这一流程可以分为采购申请、采购审批、采购验收、费用支付申请、费用支付审批、应付账款的审批、应付账款的入账等环节。这些环节中不同职务的不相容程度是不一样的，图 1-2 中画"×"的两个岗位完全不能由一个人来担任，如采购申请与采购审批、采购申请与费用支付审批等，而采购申请与验收、采购申请与费用支付申请则可以由同一人兼任。

	A	B	C	D	E	F	G
A		×			×	×	×
B			×	×		×	×
C				×	×	×	×
D					×	×	×
E						×	×
F							×
G							

A：采购申请

B：采购审批

C：采购验收

D：费用支付申请

E：费用支付审批

F：应付账款的审批

G：应付账款的入账

图 1-2　采购与付款业务不相容岗位分离控制

（三）不相容职务分离控制应当注意的问题

企业要做好不相容职务分离控制，需要关注以下四个方面的问题。

1. 不相容职务间的检查

做到不相容职务的分离，企业在内部组织机构与岗位的设置中，应考虑设计自动检查和平衡功能。具体包括：①对每项经济业务的发生与完成情况，无论是简单还是复杂，都必须经过两个或两个以上的部门或人员，并保证业务循环中的有关部门和人员之间能够进行必要的检查与核对。②在每项经济业务检查中，检查者不应从属于被检查者领导，这样才能确保检查出的问题不被掩盖，并能够得到及时纠正。③对企业内部各职能机构的职责进行科学合理的分解，确定具体岗位的名称、职责和工作要求，权力与职责应当明确地授予具体的部门和人员，并对岗位职责进行恰当描述和说明。④对于重要的权力的行使必须接受定期独立的检查。

2. 推行职务不兼容制度

用制度约束不相容职务的兼任对企业来说是一种有效的方法，通过制定与实施良好的管理制度，杜绝高层管理人员交叉任职，如董事长和总经理不可为同一人，董事会成员和经理层人员不能重叠等。交叉任职可能导致权责不清、制衡力度减弱等不利后果。如果关键人员大权独揽，集决策权、执行权于一身，在缺少有效监督的情况下，很容易造成权力的滥用，出现单人操纵的现象。在许多企业内部控制失效的案例中，资金调拨、资产处置、对外投资、关联交易等方面出现的重大欺诈或舞弊行为，非常重要的原因就在于交叉任职及董事会缺乏应有的独立性。

3. 不相容职务分离的程度

企业要根据各项业务量、业务复杂程度等因素考虑职责分离的合适度。职责分离可避免舞弊和错误的风险，但同时又会增加控制成本，影响经营效率。在实务中，具体判断哪些职务必须分离以及职责的分离程度，应当由具有丰富经验的专业人员从发生错误或舞弊的可能性及其影响程度来综合判断。

对于人员较少，业务简单而无法分离某些不相容职务时，企业应当制定切实可行的替代控制措施。例如，小企业中许多职责往往缺乏分离，因此可由拥有股份的经理人员实行监督，可在一定程度上避免可能发生的舞弊行为。

4. 建立岗位轮换和强制休假制度

为了更好地发挥不相容职务分离控制的作用，企业应当结合岗位特点和重要程度，明确关键岗位员工轮岗的期限和有关要求，建立规范的岗位轮换制度。岗位轮换是指对员工在企业内部进行不同工作岗位的轮换。因为员工长期在某个岗位工作，制度对其的威慑力会逐渐削弱，容易引发员工的舞弊行为，并且长时间在一个岗位工作的员工容易积累很多资源并形成个人垄断资源，对企业利益产生潜在威胁。通过岗位轮换，可以防范并及时发现岗位职责履行过程中可能存在的重要风险，强化职责分工的有效性。

对于关键岗位的员工，企业可以实行强制休假制度。在休假期间，员工的工作由其他人员暂时接替，其工作会受到他人的监督，舞弊被发现的概率会大大增加，员工实施并掩盖舞弊的机会将大大减少，舞弊的动机也会大大减弱。

二、授权审批控制

企业对经营活动实行分权管理后就产生了授权问题，而企业各项经营活动的顺利开展也应当通过一定的审批程序才能进行。授权审批控制以职责分工为重要基础,同时又是财产保护控制、预算控制等内部控制措施得以实施的前提条件。我国《企业内部控制基本规范》第三十条规定:授权审批控制要求企业根据常规授权和特别授权的规定,明确各岗位办理业务和事项的权限范围、审批程序和相应责任。

(一)授权审批控制的含义

现代企业制度的核心理论是委托代理理论,从委托代理理论来看,现代企业的多层组织结构形成了一个委托代理链:股东将其资产委托给董事会经营,形成第一层委托代理关系。董事会保留一定的决策权,将经营权委托给总经理,形成第二层委托代理关系。总经理再将经营权按照部门进行分派,与其下属部门主管形成第三层委托代理关系⋯⋯以此类推,直至基层。委托代理理论的核心思想是权力的下放,即自上而下进行授权,在授权的同时明确相应人员的责任。

授权与审批是企业各项经济活动的起点,授权是根据职责分工,明确各部门、各岗位办理经济业务与事项的权限范围、审批程序和相应责任等内容。审批是对已授权的经济业务和事项的真实性、合规性、合理性和有关资料的完整性进行的审核与批准。授权审批控制具体可分为授权控制和审批控制。授权审批控制能够确保权力分配与责任界定的相互配合,是实现企业内部控制目标的重要控制措施之一。

(二)授权控制

1. 授权的方式

授权的方式按性质可分为常规授权和特别授权。

(1)常规授权

常规授权也称一般授权,是指企业在日常经营管理活动中按照既定的职责和程序进行的授权。常规授权是办理常规性经济业务的权力,是一种经常性、连续性的授权,这种权力授予的时间较长,一般如果没有特别的情况,被授予人可以长期行使。例如,财务部门被授予批准费用报销的权力,采购部门被授予确定采购物资的品种、质量和价格的权力,销售部门被授予确定产品销售价格的权力等。这种授权应当通过编制岗位职责手册或制定专门的权限指引等方式予以明确，提高权限的透明度，强化对权限行使的监督和管理。

（2）特别授权

特别授权是指企业在特殊情况、特定条件下进行的应急性授权。特别授权是办理例外的、非经常性经济业务的权力，是临时性的，通常是一次有效。例如，在洽谈投资、收购兼并、对外担保等重要经济业务中需要临时作出某项承诺，以及超出常规授权限制的交易，都需要特别授权。特别授权一般采用书面"一事一授"的方式加以明确。

区分常规授权与特别授权时，应当考虑企业规模的大小、经济业务的性质以及法律法规的监管要求等因素。对于经常发生的、具有重复性的、涉及金额较小的经济业务，应采用常规授权；对于不经常发生的、不具有重复性的、涉及金额较大的经济业务，应采用特别授权。法律法规对不同类型企业有着不同的监管要求，如上市公司与其大股东之间的关联交易应属于特别授权，需要经过股东大会决议并采取关联股东回避制度，以确保关联交易的公允性。

2. 授权控制的原则

（1）因事设职授权

授权控制是为了实现内部控制的目标服务的，企业应该本着最有利于实现企业战略目标、有利于资源的合理配置为目的设置职务并进行授权，而不是仅凭被授权人的能力，因人授权。因人授权虽然充分考虑了被授权人的知识与才能，但不能保证职权被授予给最合适的人员，不能实现人力资源的合理利用，不利于经营效率的提高，不利于企业目标的实现。

（2）不可越权授权

授权人对下级的授权必须在自己的权力范围内，不能超越自己的权限进行授权。授权应有层级，逐级授权，只能逐级由上往下，即由直接上级对其直接下属进行授权，不可越级授权。既不能代替自己的上级把权力授予自己的下属，也不可将自己的权力授予下属的下级，还不能代替下属把权力授给他的下级。被授权者只能在授权的范围内行权，严禁未经授权或超越权限行权。一个组织从最高主管到每一层级下属人员的职权系统越明确，决策与信息沟通越有效。

（3）适度授权

各级管理者授权时要适度，既不能过小，也不能过大。授权过小，可能会直接影响下级部门工作的积极性，不利于他们尽职尽责；授权过大，则会造成大权旁落，难以控制，甚至出现滥用职权的情况。把握授权的尺度是授权控制成败的关键。合理授权，应做到授权而不失控。权力下放的合理尺度要以有利于企业生产经营活动的顺利进行、有利于控制目标的实现为标准。对于涉及全局性的、重大事项的权限，如决定企业发展战略、重要的人事任免、预算审批等事项，不可轻易下放。

（4）适当监督

绝对的权力必然产生绝对的腐败。因此，对拥有权力的岗位和人员应该给予适当的监督。既不能放任不管，也不能常加干涉。放任不管可能发生越权或滥用职权的行为；常加干涉会使授权形同虚设，影响下级部门工作的主动性和创造性。对下级职权范围内的事，一般不宜干涉，但要防止下级出现越权行为和"先斩后奏"的行为。对于越权行为一定要有相应的惩罚制度。

（5）必须采用书面授权形式

授权的形式有口头授权和书面授权。口头授权是上级领导用口头语言对下级进行工作交代，或是上下级之间根据会议所产生的工作分配。书面授权是上级领导用文字形式对下级工作的目标、职责与处理规程等内容进行明确的规定，常采用授权书、委托书、制度、备忘录、通知等形式。口头授权容易出现因授权内容与界限不清，造成误解而发生滥用职权或不敢负责的局面，一旦出了问题，更容易发生相互推诿、无法问责的情况。因此，企业应当采用书面方式明确相关人员的权限和责任界限。

（三）审批控制

履行审批职责的人员，应当对相关经营业务和事项的真实性、合规性、合理性和有关资料的完整性进行复核与审查，通过签署意见并签字或签章，作出批准、不予批准或者其他处理。

1. 审批的模式

根据审批主体的不同，审批可以分为"一支笔"审批、分级审批、多重审批、混合审批四种审批模式。

（1）"一支笔"审批模式

在"一支笔"审批模式下，一切需要审批的经济业务全部由单位负责人或其授权人员（分管领导）一人审批。"一支笔"审批模式虽然能够克服因多头审批造成的监督失控或审批标准不一致的弊端，但最突出的缺点是没有形成相互制约机制，不符合内部控制的基本要求，权限过于集中，缺乏制约和监督，容易滋生腐败。

（2）分级审批模式

分级审批模式是根据业务范围和金额大小，分级确定审批人员，行使审批权力。如规定分管领导或职能部门的负责人在其主管业务范围和一定金额范围内具有审批权；而对于较重要的经济业务或者金额较大的经济业务，必须由单位负责人审批；重要的经济业务则必须经过集体决策审批(联审会签)。由于审批人员一般是职能部门负责人或单位分管领导，对于审批范围内的经济业务比较了解，因此这种按照重要程度，适当分层授权的模式，可以提高审批质量，同时避免权力过分集中，对审批人员形成了有力的牵制与约束。

（3）多重审批模式

多重审批模式是指所有需审批的经济业务都需要经过两个或两个以上的审批人员共同审批。实务中常见的具体做法有：职能部门负责人先审，单位负责人后审；职能部门负责人先审，分管领导后审，单位负责人最后审批；分管领导先审，单位负责人后审等。这种审批模式符合内部控制的制衡性原则，能够提高审批质量，但审批程序相对烦琐，比较适合大型企业集团。

（4）混合审批模式

混合审批模式是以上三种模式的结合运用。在混合审批模式下，一定的范围和金额的业务由一人审批，超过一定范围和金额的经济业务必须由两个或两个以上审批人员共同审批。这种审批模式针对不同的经济业务采取不同的审批方式，可以在一定程度上简化审批程序，也加强了对重要项目的控制。但要注意，在实际运用时，容易被人采用化整为零的办法来逃避双审或多审。

2. 审批控制的原则

（1）不得越权审批和越级审批

越权审批就是超越授权权限进行审批，常常表现为下级行使了上级的权利。例如，人力资源部门招聘员工未经总经理或分管人力资源的副总经理批准，录用不符合条件的人员。越级审批是上级包办代替下级的事务，应该由下级审批的被上级所包办。例如，资金的调度权按规定属于财务总监，而总经理未经财务总监同意，直接通知出纳将资金借给其他企业的行为就属于越级审批。

（2）审批应该有依据

审批控制的目的是保证企业的经营行为不偏离预定的方向和目标。所以，审批者即使在自己的职权范围内，也不能随意审批。企业各级管理人员要依据法律法规、规章制度、合同、预算、计划、决议等进行审批。例如，生产部门负责人在批准领用材料时，要依据当期的生产计划；设备管理部门在批准购置固定资产时，要依据投资预算等。

（3）采用书面审批形式

审批应该采用在下级的报告上批示、专门行文批示、在有关的凭证上签字批准等书面形式。不可口头批准，以免口说无凭，责任不清。

（四）授权审批控制体系

企业应当建立完善的授权审批控制体系，明确授权审批的范围、层次、责任和程序四个方面的内容。

1. 授权审批的范围

企业所有的经营管理活动都应当纳入授权审批的范围，以便全面预算和全面控制。授权审批的范围不仅要包括控制各种业务的预算制定情况，还要对相应的办理手续、业绩报告、业绩考核等明确授权。总之，不能存在真空区，所有的经营管理活动都应该在授权审批的制度、程序、办法、文件中有明确的规定。

2. 授权审批的层次

授权审批应当是有层次性的，应根据经济业务的重要性和涉及金额大小等情况，将审批权限分配给不同的管理层次。对于重要的、金额大的事项，审批权限应授予董事会、经理层等；对于涉及面小、金额少的具体执行性事项则授权给下级管理层，如财务、研发、采购、生产、销售、人力资源等职能部门的经理。这样就会在企业内部形成一个严密的、层次清晰的授权审批体系，既可以保证不同管理层次之间的合理分工，又可以充分调动各级管理人员工作的积极性和主动性。

授权审批在层次上应当考虑连续性，要将可能发生的情况全面纳入授权审批体系。同时，应当根据具体情况的变化，不断对有关制度进行修正，适当调整授权层次。

3. 授权审批的责任

在授权审批控制中，授权者和被授权者都应该有明确的责任。在通常情况下，授权者应当承担因授权不当、监督检查不力所导致不良后果的责任。被授权者应当承担因用权不当、工作失误所导致不良后果的责任。

4. 授权审批的程序

企业应当规定每一类经济业务的审批程序，以便按程序办理审批，避免越级审批、违规审批的情况发生。例如，对于货币资金支付业务，企业通常建立的授权审批程序包括支付申请、支付审批、支付复核和办理支付等。

对于重大决策、重大项目安排、重要人事任免、大额度资金运作等事项（即"三重一大"），企业应当按照规定的权限和程序实行集体决策审批或者联签制度。任何个人不得单独进行决策或者擅自改变集体决策意见。

"三重一大"的具体内容如下：①重大决策事项主要包括企业贯彻执行党和国家的路线方针政策、法律法规和上级决定的重大措施，企业发展战略、破产、改制、兼并重组、资产调整、产权转让、对外投资、利益调配、机构调整等方面的重大决策，企业党的建设和安全稳定的重大决策，以及其他重大决策事项。②重大项目安排事项是指对企业资产规模、资本结构、盈利能力以及生产装备、技术状况等产生重要影响的项目的设立和安排，包括年度投资计划、融资、担保项目、期权、期货等金融衍生业务，重要设备和技术引进，采购大宗物资和购买服务，重大工程建设项目，以及其他重大项目安排事项等。③重要人事任免事项是指企业直接管理的领导人员和其他经营管理人员的职务调整事项，主要包括企业中层以上经营管理人员和下属企业、单位领导班子成员的任免、聘用、解除聘用和后备人选的确定，向控股和参股企业委派股东代表，推荐董事会、监事会成员和经理、财务负责人，以及其他重要人事任免事项。④大额度资金运作事项是指超过由企业或者履行国有资产出资人职责的机构所规定的企业领导人员有权调动、使用的资金限额的资金调动和使用，主要包括年度预算内大额度资金调动和使用，超预算的资金调动和使用，对外大额捐赠、赞助，以及其他大额度资金运作事项。

三、财产保护控制

（一）财产保护控制的含义

合理保证资产安全是我国《企业内部控制基本规范》规定的五个控制目标之一。资产作为企业重要的经济资源，是企业从事生产经营活动并实现发展战略的物质基础。财产保护控制是为了确保企业财产安全完整所采用的各种方法和措施。这里所说的财产主要包括企业的现金、存货和固定资产等，它们在企业资产总额中所占比重较大，同时又极易被挪用转移、损失浪费和被侵占盗窃。因此企业应建立健全科学的财产保护控制措施，提高资产管理水平。

我国《企业内部控制基本规范》第三十二条明确规定：财产保护控制要求企业建立财产日常管理制度和定期清查制度，采取财产记录、实物保管、定期盘点、账实核对等措施，确保财产安全。企业应当严格限制未经授权的人员接触和处置财产。

（二）财产保护控制的内容

财产保护控制具体包括财产记录控制、限制接近控制、财产清查控制和财产保险控制四个方面的内容。

1. 财产记录控制

建立企业财产记录，能够全面、系统地反映企业各项财产的增减变动，及时掌握财产的管理情况。财产记录控制是指企业应当建立并妥善保管涉及资产的各种文件资料，避免记录受损、被盗、被毁。财产记录控制首先应严格限制接近记录的人员，以保证财产保管、批准和记录不相容职务分离的有效性；其次应妥善保存各种记录，如可以设置专门的档案室、档案柜等保护设施、保存财产记录，尽可能减少记录丢失、毁损、被篡改的可能性；最后应对某些重要的信息资料留有备份记录，以便在遭受意外损失或毁坏时重新恢复，这在计算机处理条件下尤为重要。

2. 限制接近控制

实物资产是企业拥有或控制的有形资产，具有种类繁多、形态各异、存放分散的特点。限制接近主要是指严格限制未经授权的人员对有关资产的直接接触，只有经过授权批准的人员才能接触资产。限制接近包括对资产本身的直接接触以及通过文件批准方式使用和处置资产的间接接触。

在一般情况下，货币资金、有价证券、存货等变现能力强的资产必须限制无关人员的直接接触，保证存放的安全。对于现金的收支及库存的管理只限于特定的出纳，出纳要与应收账款、应付账款等债权债务明细账及总账的记账人员相分离，平时将现金存放在保险箱并由出纳保管钥匙；对于支票、汇票、有价证券等其他易变现的非现金资产，应确保两名或两名以上人员同时接近资产的方式加以控制，如由银行等第三方保管或要求两名管理人员共同签名方可处理易变现的资产，限制接近未使用票据并按规定正确注销已使用的票据；对于原材料、半成品、成品等存货，可以由专职的仓库保管员控制，其他人员不得经管，企业可以通过设置分离、封闭的仓库区域，安装消防和防盗设施，以及工作时间之内和工作时间以外控制进入仓库区域等方式实现。

3. 财产清查控制

财产清查是定期或不定期对各项财产物资、货币资金和债权债务进行实地盘点和账目核对，将盘点核对的结果与会计记录进行核对，并对差异进行分析和处理的控制措施。

（1）清查资产，与会计记录核对

企业对库存现金、存货、固定资产等进行实地盘点，对银行存款、债权债务进行账目核对，将清查结果与账簿记录进行比较，可以及时发现财产管理中存在的缺陷和漏洞，通过后续的改进措施来防范资产的流失，能够在很大程度上保证资产的安全。

（2）差异调查与调整

财产清查结果与有关会计记录之间差异的调查工作必须由独立于财产保管和会计记录的人员进行。差异通常表现为盘盈或盘亏，为防止差异再次产生，应详细调查分析差异产生的原因，查明相关人员的责任，并根据资产的性质、差异金额大小等，采取保护性措施。

企业应根据具体情况进行定期或不定期的财产清查。定期清查是在规定的时间内进行的，盘点的时间一般是在月末、季末和年末。不定期清查属于临时清查，在更换财产保管人员或发生财产损失等情况时进行。对于重要的、容易被侵占的财产，更需要进行不定期清查，以便及时发现问题。

4. 财产保险控制

企业经营环境往往变幻莫测，火灾、洪水、雷击、爆炸等各种自然灾害或意外事故是不可避免的，一旦发生，轻则影响生产，重则中断生产经营，甚至会使企业破产倒闭。财产保险是一种风险分担的方法，投保人根据合同约定，向保险公司交付保险费，保险公司按保险合同的约定对所承保的财产及其有关利益因自然灾害或意外事故造成的损失承担赔偿责任。

财产保险控制主要是运用财产投保（如火灾险、盗窃险、责任险等），增加实物资产受损后的补偿程度或机会，从而将意外情况发生、资产受损时给企业带来的影响降到最低。为企业资产购买保险已成为防范和降低财产运行风险，以及保证财产安全的重要手段。

四、绩效考评控制

（一）绩效考评控制的含义

绩效考评是对企业各项经营活动和职能部门当期实现的实际业绩，将其与预算、计划目标等进行对比，考核和评价其经营业绩。绩效考评是绩效考核和评价的总称。

我国《企业内部控制基本规范》第三十五条明确规定：绩效考评控制要求企业建立和实施绩效考评制度，科学设置考核指标体系，对企业内部各责任单位和全体员工的业绩进行定期考核和客观评价，将考评结果作为确定员工薪酬以及职务晋升、评优、降级、调岗、辞退等的依据。

绩效考评控制应当与全面预算控制结合使用，还要将其作为预算考评环节的重要补充。只有通过科学合理的绩效考评，才能确保全面预算落到实处。

（二）绩效考评控制的内容

1. 合理确定考评主体

合理确定考评主体包括两层含义：一是由谁进行考评；二是有多少人进行考评。绩效考评主体主要是董事会和各级管理者，考评客体是各级管理人员和全体员工，当然也涉及对部门的绩效考评。企业在确定考评主体时，要求考评主体必须了解考评客体的工作性质、岗位要求及工作状况等内容，并对考评主体进行包括道德、考评体系、考评资料收集等方面必要的培训。另外，应根据人力资源的实际情况确定考评主体的人数，对于一个考评对象通常不得少于两个考评主体。

2. 确定绩效考评目标

绩效考评目标应当具有针对性和可操作性。企业应当建立以绩效为核心的分配激励制度，使绩效考核与员工薪酬挂钩，切实做到薪酬安排与员工贡献相协调，既体现效率优先又兼顾公平，杜绝高管人员获得超越其实际贡献的薪酬；同时，要注意发挥企业福利对企业发展的重要促进作用，激励员工、提高员工士气以及提高员工对企业的认可度与忠诚度。

3. 科学设定绩效考评指标

绩效考评指标通常包括业绩考评指标、能力考评指标、态度考评指标等。它既包括定量指标，以反映评价客体的各种数量特征，又包括定性指标，以说明各项非数量指标的影响，同时，针对不同的评价指标赋予相应的权重，体现各项评价指标对绩效考评结果的影响程度和重要程度。企业在设定绩效考评指标时应和企业战略目标保持一致，结合企业内部经营状况和外部经营环境因地制宜设置公平的、有针对性的考评指标。

4. 制定绩效考评标准

考评标准是对考评客体进行绩效评判的基准和尺度。某项指标的考评标准是在一定条件下产生的，随着企业内外部环境的变化，考评标准也要随之发生变化。目前最为常用的绩效考评标准有预算标准、历史水平标准、行业标准或竞争对手标准。

5. 形成评价结果

依据考评指标和考评标准，采用一定的绩效考评方法对企业内部各责任单位和全体员工的业绩进行定期考核和客观评价，形成评价结果——评价报告。评价报告的编制包括按照考评指标制定与计算、考评指标的实际值与考评标准的差异计量与分析、评价结论的得出、形成评价报告、奖惩建议等几个步骤。

6. 运用考评结果

绩效考评的结果一定要反馈给被考核者，以起到激励和引导的作用。企业应当依据绩效考评结果分配奖金份额，并将绩效作为员工职务晋升、评优、降级、调岗、辞退等的依据。

（三）绩效考评方法

绩效考评控制的重点和难点是绩效考评方法的确定。绩效考评是针对企业内部各责任单位和每个员工所承担的工作的实际完成效果及其对企业的贡献或价值进行考核和评价。一般而言，选择绩效考评方法应当考虑成本、实际性、工作性质三个要素，考评方法力求目的明确、方法简单、便于控制、易于执行。绩效考评方法按照考核内容特征可以分为结果导向型、行为导向型、特质导向型和战略导向型四种类型方法。

1. 结果导向型绩效考评方法

结果导向型绩效考评方法是在考核过程中先为员工设定一个工作结果的标准，然后将员工的实际工作结果与标准对照。考评的重点在于产出与贡献，通常适用于工作结果表现为客观、具体、可量化的绩效指标的员工，如一线操作工人、销售人员等。常见的结果导向型绩效考评方法有比较法、强制分布法和评级量表法等。

（1）比较法

比较法也被称为排序法，是按照被考核者有关绩效的相对优劣程度确定其相对等级或名次。比较法又分为直接排序法、交替排序法和配对比较法。其中，直接排序法将员工按工作绩效由好到差的顺序依次进行排列；交替排序法首先将绩效最好的员工列在名单开首，把绩效最差的员工列在名单末尾，然后从剩余的被考核者中挑选出绩效最好的列在名单开首第二位，相应的绩效最差的列在名单倒数第二位，以此类推，不断挑选出剩余被考核者群体中绩效最好的和最差的员工，直至排序完成；配对比较法是针对某一绩效评估要素，把每一位员工都与其他员工比较来判断谁"更好"，记录每一位员工与任何其他员工比较时被认为"更好"的次数，根据次数的多少给员工排序。比较法是最方便的考评方法，考核结果也一目了然，但是采用比较法得出的考核结果无法在不同考核群体之间进行横向比较，也无法找出绩效差距产生的原因，在实务中一般不单独使用。

（2）强制分布法

强制分布法是基于正态分布原理，预先确定评价等级和各等级在总数中所占的百分比，然后按照被考核者绩效的优劣程度将其强制列入其中的相应等级。强制分布法的优点是等级清晰，考核过程简单方便；常常与员工的奖惩联系在一起，强烈的正负激励同时运用；可以避免考核者给所有人中等评价的问题。强制分布法的缺点在于，如果按照考评者的设想对员工进行硬性区分，容易引发员工的不满，还会把一些员工归入不适当的等级中，挫伤员工的工作积极性；只能把员工分为有限的几种等级，难以具体比较员工差别，也不能在诊断工作问题时提供准确可靠的信息；不同部门中不同类型员工的概率可能不一致。

（3）评级量表法

评级量表法是绩效考评中所采用的最普遍的考评方法，是把员工的绩效分为若干项目，每个项目后设一个量表，由考评人员根据员工在每一考评因素上的情况进行评判和记分。这种方法的优点是创造了一种量化考核，可以把员工绩效的每一个因素都反映出来，总考核成绩可以被看成绩效增长；考评过程费时少、有效性高。其缺点是考核者容易产生晕圈错误和趋中误差；过于宽大或中庸的考核者，会把每个人的每个项目很快地评为高分或平均分；多数评级量表并不针对某一特别岗位，而是适用于所有企业单位，因而不具有针对性。

2. 行为导向型绩效考评方法

行为导向型绩效考评方法的重点在于甄别与考核员工在工作中的行为表现，关注完成任务的行为方式是否与预定要求一致，适用于工作成果难以量化或者强调以某种规范行为来完成工作任务的岗位。常见的行为导向型绩效考评方法有关键事件法、行为锚定等级评价法等。

（1）关键事件法

关键事件法是通过被考评人工作中极为成功或极为失败的事件分析和评价从而考察被评价者工作绩效的一种方法。关键事件法的优点是：为解释绩效评价结果提供了一些确切的事实证据；确保在对下属人员进行绩效考察时，所依据的是员工在整个考核期间的表现，而不是员工在最近时期的有关绩效状况倾向；保存一种动态的关键事件记录，可以获得一份关于下属员工是通过何种途径消除不良绩效的具体实例；针对性强，结论不易受主观因素的影响。该种方法的缺点是基层工作量大，需要花费大量的时间去搜集关键事件，并加以概括和分类；关键事件是显著地关注与工作绩效有效或无效的事件，但遗漏了平均绩效水平；对于什么是关键事件，并非在所有的经理人员那里都有相同的定义。

（2）行为锚定等级评价法

行为锚定等级评价法是将同一工作可能发生的各种典型行为进行评分度量，建立一个锚定评分表，以此为依据，对员工工作中的实际行为进行测评分级的考评方法。所谓行为锚定，是针对每类职位的特点编制出一套典型的行为描述词，并设计出与之相配套的评分标准和说明，每一级评分标准与行为描述说明词相对应，即"锚定"。这种方法结合了关键事件法和评级量表法的主要要素，考评者按某一序数值尺度给各项指标打分，评分项目则是某人从事某项职务的具体行为事例，而不是一般的描述。

行为锚定等级评价法侧重于具体且可衡量的工作行为，它将职务的关键要素分解为若干绩效因素，然后为第一绩效因素确定有效果或无效果行为的一些具体事例。其结果可以形成诸如"预测""计划""实施""解决眼前问题""贯彻执行命令"和"处理紧急情况"等的行为描述。例如，对于"告诉员工如果有问题随时可以来和他谈"这类的叙述，经理对其属下的基层监督人员可以用5分制尺度中的0分（几乎从不）或者4分（几乎总是）作出评价。行为锚定等级评价法是用工作行为的具体事例来反映每种特性的不同绩效水平，这就使得评价结果更有说服力。

3. 特质导向型绩效考评方法

特质导向型绩效考评方法主要适用于考核员工的个性特征，所考核的内容主要是那些抽象的、概念化的个人基本品质，如决策能力、对企业的忠诚度、沟通与协调能力、创新能力等。常用的特质导向型绩效考评方法如述职鉴定法。

述职鉴定法是由岗位员工将自己的工作完成情况和知识、技能等反映在工作述职报告内的一种考评方法，主要适用于对企业中、高层管理岗位的考核。述职鉴定法的优点是内容详细，能为考核者提供重要依据。其缺点是主观性较强，难以独立地作为最终考核的结果。述职鉴定法一般不单独使用，通常与其他绩效考评方法结合使用。

4. 战略导向型绩效考评方法

战略导向型绩效考评方法着眼于企业发展战略，是绩效考评的重要方法，常见的战略导向型绩效考评方法有平衡计分卡、关键绩效指标评价法、目标管理法等。

（1）平衡计分卡

平衡计分卡（BSC）是一种突破了个人绩效局限而基于组织整体战略性激励的绩效考核体系。它是由哈佛商学院教授罗伯特·卡普兰（Robert Kaplan）和复兴全球战略集团创始人兼总裁戴维·诺顿（David Norton）在 1992 年经过对 12 家企业绩效考核实践研究设计出来的。平衡计分卡被《哈佛商业评论》评为最具影响力的管理工具之一，它打破了传统的单一使用财务指标衡量业绩的方法。平衡计分卡的核心思想是通过财务、客户、内部运营、学习与成长四个维度指标之间相互驱动的因果关系展现组织的战略轨迹，实现绩效考核→绩效改进和战略实施→战略修正的目标。平衡计分卡一方面通过财务目标保持对短期业绩的关注，另一方面通过员工学习、服务的创新提高客户的满意度，共同驱动未来的财务绩效。平衡计分卡实质上是基于综合平衡的战略思想，体现了财务、非财务衡量方法之间的平衡，长期、短期目标之间的平衡，外部、内部的平衡，结果、过程的平衡，管理、经营业绩的平衡，因此能反映组织综合经营状况，使业绩评价趋于平衡和完善，利于组织长期发展。但平衡计分卡也有缺陷：一是没有提出支持集团战略与集团下属各战略业务单位战略之间实现动态调整的理论框架；二是无法解决战略业务单位内部个人绩效测评的问题。

平衡计分卡的采用取决于企业的管理水平、信息化程度和员工素质水平。实施平衡计分卡应当具备四个方面的条件：①企业管理水平高。企业管理要达到程序化、规范化、精细化，使企业战略的每一层次都能有效地实施，达到预期的目标。②信息化程度高。企业应提供自动化的方法，针对纳入平衡计分卡解决方案中的所有数据加以收集与整理，并运用现有的运营、分析及通信工具，使信息准确、可靠、及时。③员工素质水平高。员工素质水平影响平衡计分卡实施的效果，特别是高层、中层管理人员的素质水平尤为关键。④对战略目标的合理分解。对企业战略目标的合理分解是平衡计分卡成功实施的关键。企业战略目标要进行层层分解，转化为一系列可衡量、可实施的具体目标，并在实施中期做合理的调整与修正。

（2）关键绩效指标评价法

20 世纪 80 年代，管理学界开始关注将绩效管理与企业战略相结合，在考核过程中，将结果导向与行为导向相结合，强调工作行为与目标并重，在这种背景下，关键绩效指标（KPI）应运而生。关键绩效指标是通过对组织内部某一流程的输入端、输出端的关键参数进行设置、取样、计算、分析，衡量流程绩效的一种目标式量化管理指标，是把企业的战略目标分解为可操作的工作目标的工具，是企业建立完善的绩效管理体系的基础，是管理中"计划—执行—评价"中的"评价"不可分割的一部分，反映个体与组织关键绩效贡献的评价依据和指标。

关键绩效指标评价法的一个重要管理原理是"二八原理"。在一个企业的价值创造过程中，存在着"20/80"的规律，即20%的骨干人员创造企业80%的价值；而且在每一位员工身上，"二八原理"同样适用，即80%的工作任务是由20%的关键行为完成的。因此，必须抓住20%的关键行为，对其进行分析和衡量，就能抓住业绩评价的重心。

（3）目标管理法

目标管理的概念是1954年由美国著名的管理学家彼得·德鲁克在《管理的实践》一书中提出的。德鲁克认为，目标管理可以把工作和人的需要统一起来，综合了人对工作的兴趣和人的价值，从工作中满足人的社会需求。确定了企业目标后，必须对其进行有效分解，转化成各个部门及每个人的分目标，根据分目标的完成情况对各个部门和每个人进行考核、评价和奖惩。目标管理是让企业的管理人员和员工亲自参加工作目标的制定，在工作中实行自我控制，并努力完成工作目标。目标管理体现了现代管理的哲学思想，是领导者与下属之间双向互动的过程。目标管理法是由员工与主管共同协商制定个人目标，个人目标依据企业的战略目标及相应的部门目标而确定，并与它们尽可能一致。目标管理法能够将可观察、可测量的工作结果作为衡量员工工作绩效的标准，以制定的目标作为对员工考评的依据，从而使员工个人的努力目标与组织目标保持一致，减少管理者将精力放到与组织目标无关的工作上的可能性。目标管理法主要通过目标设定、目标实施、结果评价和结果反馈四个步骤来完成。

目标管理法的优点是评价标准直接反映员工的工作内容，结果易于观测，所以很少出现评价失误，也适合给员工提供建议，从而进行反馈和辅导。由于目标管理的过程是员工共同参与的过程，因此，员工工作积极性大为提高，并增强了他们的责任心和事业心。目标管理有助于改进组织结构的职责分工。目标管理法的缺点是：有时目标难以具体化和量化，耗时费力；没有在不同部门、不同员工之间设立统一目标,因此难以对员工和不同部门之间的工作绩效进行横向比较,不能为以后的晋升决策提供依据。

第四节 事业单位概况及分类改革

一、我国事业单位概况

在我国,事业单位是广泛存在的一种社会组织,主要在教育、科技、文化、卫生等领域从事社会服务活动。事业单位有两个特征使它与企业、行政单位、民间组织相区别,一是事业单位不以营利为目的,二是事业单位利用国有资产向社会公众提供服务。企业是以营利为目的的社会组织。行政单位虽不以营利为目的,但其是依照宪法和有关法律设置、利用国家赋予的公共管理权力进行国家行政管理、组织经济建设和文化建设、维护社会公共秩序的单位。行政单位有公权力而事业单位没有,行政单位承担社会治理的职能而事业单位从事社会服务。由于我国特有的政治体制,存在行政和事业单位不分家,事业单位承担一些行政职能的问题,一些部门在有的地区是行政单位,但在有的地区又是事业单位,加之行政单位和事业单位在财政管理和财务核算上存在一些共性的要求,所以从政府到老百姓习惯性地将政府部门统称为行政事业单位,但其实二者有本质区别。一些民间组织与事业单位很接近,也不以营利为目的,也从事社会服务,如公益基金会、行业协会、商会、学会、研究会等等。非营利组织作为政府、企业之外的"第三部门",被划分为两大类,即公立非营利组织和民间非营利组织。公立非营利组织通常就是事业单位,会计核算上执行《事业单位会计制度》,民间非营利组织利用非国有资产设立,执行《民间非营利组织会计制度》。

我国事业单位在社会经济生活中扮演重要角色,涉及的领域十分广泛,数量庞大。据统计,目前全国事业单位总数超过 100 万个,从业者超过 3000 万人。事业单位具有服务性、公益性和知识密集性的特征，在不同领域为社会提供各类专业性服务。事业单位主要分布在以下具体领域：

第一，教育事业单位，如幼儿园、小学、中学、普通高校、职业教育、成人教育、特殊教育等。

第二，科技事业单位，如研究院、研究所、科技协会、科技馆等。

第三，文化事业单位，如图书馆、博物馆、文化馆、演出团体、出版社、杂志社、电视台等。

第四，卫生事业单位，如医院、防疫站、血液中心、计生站等。

第五，社会福利事业单位，如福利院、养老院、康复中心、殡仪馆等。

第六，体育事业单位，如体育场、体工大队等。

第七，交通事业单位，如公路养护站、收费站等。

第八，城市公用事业单位，如园林、环卫、市政维护等。

第九，农林牧渔水事业单位，如农技站、检疫中心、水文站等。

第十，信息咨询事业单位，如信息中心、咨询服务中心（站）、价格信息事务所、经济调查队等。

第十一，中介服务事业单位，如技术咨询服务中心、人才交流中心、法律援助中心、公证处等。

第十二，勘察设计事业单位，如勘察设计院等。

第十三，地震测防事业单位，如地震测防、地震预报等单位。

第十四，海洋事业单位，如海洋管理、海洋保护等事业单位。

第十五，环境保护事业单位，如环境监测中心、环境保护站等。

第十六，检验检测事业单位，如标准计量、技术监督、质量检测、出入境检验检疫等。

第十七，知识产权事业单位，如专利、商标、版权等。

第十八，机关后勤服务事业单位及其他类别。

二、事业单位分类改革

2012年4月,《中共中央、国务院关于分类推进事业单位改革的指导意见》出台，新一轮事业单位分类改革拉开了帷幕。长期以来，我国事业单位发展相对滞后，一些事业单位功能定位不清，政事不分，事企不分，机制不活；事业单位社会公益服务供给总量不足，供给方式单一，资源配置不合理，质量和效率不高。因此，事业单位分类改革按照政事分开、事企分开和管办分离的要求，以促进公益事业发展为目的，以科学分类为基础，以深化体制机制改革为核心，实行事业单位分类改革，将现有事业单位划分为三个类别。①对承担行政职能的，逐步将其行政职能划归行政机构或转为行政机构。②对从事生产经营活动的，逐步将其转为企业。③对从事公益服务的，继续将其保留在事业单位序列，并强化其公益属性。市场不能配置资源的，划为公益一类，承担高等教育、非营利医疗等公益服务；可部分由市场配置资源的，划分为公益二类。对公益一类，根据正常业务需要，财政给予经费保障；对公益二类，根据财务收支状况，财政给予经费补助，并通过政府购买服务等方式予以支持。

公益一类事业单位应同时具备以下三个条件：①面向社会提供基本公益服务或仅为机关行使职能提供支持和保障。②不能或不宜出市场配置资源。③不得从事经营活动，其宗旨、业务范围和服务规范由国家确定。主要包括：

第一，义务教育类，义务教育、特殊教育、党校、行政学院、社会主义学院、公益性宣教（党员电化教育）等。

第二，科研类，基础性或社会公益性科研、政策研究、公共科普服务等。

第三，文体类，公共图书馆、档案馆、博物馆、纪念馆（烈士陵园）、公共美术馆、科技馆、群众艺术馆、文物考古、文物保护、文献情报、出版物审读、广电信号传输和技术监测、视听节目审查、基层公共文化服务、体育运动项目管理等。

第四，卫生类，疾病（疫病）预防控制、健康教育及保健服务、采供血服务、应急救治服务、计划生育服务、政府举办的社区卫生服务、乡镇卫生院等。

第五，社会保障类，社会保障经办、公积金管理、社会救助服务、优抚安置服务、社会福利管理、公益性残疾人康复、公共就业服务、老龄妇幼服务、婚姻登记、专家服务、慈善服务等。

第六，公共安全类，人工影响天气、防汛抗旱防火、灾害防治救援、应急指挥救援、无线电监测、人防指挥保障、信息安全测评、民防安全、重要或应急物资储备等。

第七，社会经济服务类，基础测绘、公益性地质调查、经济社会调查、标准质量服务、强制性检验检疫、渔业船舶检验、植物检疫、林业有害生物防治检疫、纤维检验（棉花质量监督）、农机安全监理、食品药品检验检测、地震监测、环境监测、网络监测、气象预测等。

第八，行政保障类，地方志和党史、电子政务、政府资金和项目管理、政府采购、财政资金评审支付、招投标管理、举报投诉维权、考试管理、仲裁服务、自然资源保护、水文（水资源）管理、农村经济管理、集体经济管理、种子管理、房屋征收与补偿、涉军服务、统计服务、审计服务、铁路建设管理、政府部门驻外省市联络服务等。

第九，行政执法类，能源利用监测、质量监督管理、国土监察、环境监察、安全生产监察、劳动保障监察、农业技术推广服务、城市综合管理、农业监察、林业监察、水利监察、食品药品监察、卫生监督管理、水土保持监督管理、建设工程质量监督管理、核与辐射安全监督等。

公益二类事业单位应同时具备三个条件：①面向社会提供公益服务或主要为机关行使职能提供支持和保障，并可部分由市场配置资源。②按照国家确定的公益目标和相关标准开展活动。③在确保公益目标的前提下，可依据相关法律法规提供与主业相关的服务，收益的使用按照国家有关规定执行。主要包括：

第一，教育类，普通高中、普通高校、研究生院、技工技师职业院校、电大函授及远程教育、幼儿园、少年宫等。

第二，科研类，基础应用科研、农林示范基地、种苗良种培育等。

第三，文体类，时政类报刊社、电台、电视台、国家确定需要扶持的文艺院团、文化宫、公园、体育场馆、体育训练基地等。

第四，卫生类，非营利医疗、职业病疗养等。

第五，社会经济服务类，公益性信息咨询、公益性水利工程管护、质量监督技术服务、公益性规划、地质勘查、农业种畜服务、票证制作发放、政府确定保留的公益性公证服务、人才交流管理与指导、对外交流促进、彩票发行管理、殡葬服务等。

三、事业单位的业务活动特征和管理要求

事业单位是依法设立，通过社会服务，参与某一领域的公共管理的非营利组织。因为是由国家设立（或以国有资产设立），与西方的非营利组织相比具有鲜明的中国特色，其经济活动与企业相比也存在差异。

（一）目标和业务活动的差异性

事业单位服务于不同的领域和范围，具体事业目标和业务活动存在差异性。我国的事业单位大多是在计划经济体制下建立和发展起来的，在教育、科研、文化体育、医疗、社会保障等领域发挥着重要作用，在改革开放前及市场经济发展初期处于不可替代的地位。因为服务于不同的领域和范围，事业单位多存在业务活动的专业性特征，具体事业目标也各不相同。因为差异性，国家对不同类型的事业单位有着不同的管理体制，事业单位内部管理也因具体事业目标的差异和业务活动的不同而呈现各自的特色。

（二）经费来源的多元化

与行政单位的经费主要来源于财政资金不同，事业单位的经费来源呈现多元化的特征，但国家和地方政府的财政拨款在大多数事业单位的经费中仍然占主导地位，所以事业单位按经费来源可以分为财政补助和非财政补助两类。国家对事业单位的经费管理存在全额拨款、差额拨款和自收自支三种模式，事业单位也相应划分为全额拨款事业单位、差额拨款事业单位、自收自支事业单位三类。

全额拨款事业单位也称全额预算管理的事业单位，是其所需的事业经费全部由国家财政预算拨款的一种管理形式。一般适用于没有收入或收入不稳定的事业单位，如学校、科研单位、卫生防疫、工商管理等事业单位；差额拨款事业单位是指有一定数量稳定的经常性收入，但还不足以抵补本单位的经常性支出，支大于收的差额需要国家预算拨款补助的单位，如公立医院。自主事业单位又称自收自支事业单位，是国家不拨款的事业单位；自收自支事业单位由于有稳定的经常性收入，可以解决经常性开支，不需要财政直接拨款，因而一些地方往往放松对它的管理，导致自收自支事业单位有不断膨胀的趋势。

（三）资金使用的强约束性

事业单位的资金多来源于财政拨款、服务费收入以及个人或机构的捐赠，所有资金的使用以保障事业目标的实现为出发点。事业单位获取的是公共资金或社会资金，提供的又是公共社会服务，因此资金使用必须对国家和社会公众负责。国家法律法规对事业单位资金使用的范围和标准有比较强的约束，对事业单位的经费支出也有许多独特的控制程序，比如预算管理、收支两条线管理、招投标管理、政府采购管理、财政票据管理、公务卡结算等。

（四）核算及绩效考核的复杂性

不同类型的企业在财务核算上以权益管理和利润形成为主线，核算资产、负债、所有者权益、收入、费用等，相似度高，总体要求一致，且以利润作为主要考核指标，相互间经营绩效的可比性强。事业单位因所处领域不同、事业类型不同、开展的业务活动不同，具体核算内容和要求也有所不同，因此不同领域都有各自具体的财务核算制度。事业单位不以营利为目的，而是以向社会提供公共物品和公共服务为宗旨，其经济活动并不以保值增值为目标，而只是事业活动的辅助活动。在这种情况下，事业单位往往难以实现科学准确的绩效考核和评价，往往从资金使用的合规和事业目标的完成角度进行绩效评价，可比性和合理性只能是相对的。

第五节 事业单位内部控制的概论

一、事业单位内部控制的概念

从企业和事业单位内部控制的发展进程来看，两者是相辅相成、相互影响、共同促进的。美国《联邦政府内部控制准则》正是充分结合了 COSO 报告，对政府内部控制进行定义的。从静态上讲，事业单位内部控制是指事业单位为履行职能、实现总体目标而建立的保障系统，该系统由内部控制环境、风险评估、控制活动、信息与沟通、监督等要素组成，并体现为与行政、管理、财务和会计系统融为一体的组织管理结构、政策、程序和措施；从动态上说，内部控制是事业单位为履行职能、实现总体目标而应对风险的自我约束和规范的过程。

值得注意的是，事业单位内部控制和政府内部控制是两个不同的概念。政府内部控制是为保证政府（机构或组织）有效履行公共受托责任，杜绝舞弊、浪费、滥用职权、管理不当等行为而建立的控制体系。事业单位内部控制的主体是事业单位及其所属部门（单位），政府内部控制的主体是政府总体。因此，政府内部控制是更高层次的内部控制，其以满足公共利益为目标，以追求社会效率和公平之间的平衡为价值取向，而且能产生影响宏观经济效果和政府公众信誉的社会效应，在政府管理中发挥制约、规范公共行为的作用。政府内部控制在目标、属性和作用方面都更加宏观，从这个角度来说，事业单位内部控制从属于政府内部控制。一般来说，政府内部控制往往立足于宏观的政府部门体系，以各级政府为整体进行研究。由于各级政府包括诸多政府职能部门，每个职能部门业务属性和机构设置都不一致，因此，政府部门内部控制很可能由于缺乏普遍适用性而缺乏针对性和可操作性，只能从总体上对内部控制提出原则性指导。而事业单位内部控制与政府内部控制相比，更加关注政府系统中各个部门和下属单位本身，将内部控制建设任务分解到承担政府职能的具体事业单位，涵盖了各个类型和业务的事业单位。事业单位领导应该在规范的指导下，制定适合本单位的内部控制制度和实施细则，强调控制活动的适用性、针对性和可行性。综上所述，事业单位内部控制是指由单位领导负责，全体人员共同实施的，为实现单位控制目标，通过制定一系列制度、实施相关措施和程序，对经济活动的风险进行防范和控制的动态过程。为了更好地理解行政事业单位内部控制的内涵和外延，这里对其适用范围进行界定，并作为概念体系的重要补充。

事业单位内部控制的主体与客体界定作为概念研究的重点，直接决定了事业单位内部控制的效果和效率。事业单位内部控制的主体界定有广义与狭义之分。狭义上的事业单位内部控制主体是指负责执行政府各职能的事业单位本身。广义上的事业单位内部控制主体应扩展到各级政府全部职能机构及其下属单位。例如，各级财政部门从狭义上来看作为一个独立的行政单位存在，为了维持单位日常运营,单位必然会发生各种经费支出,按照行政单位的管理办法,单位经费支出必须由单位预算来进行统一归口管理。因此从狭义上看,事业单位内部控制主体应是事业单位及其下属单位。同时,从广义上来看,财政部门作为政府的重要组成部分,其作用是完成包括行政性事业单位和公益性事业单位在内的全部政府职能相关机构和部门的业务和日常经费管理,并将其纳入总财政预算的范围内进行统一管理。因此,广义上的事业单位内部控制主体应该是各级政府及其所属部门,而不是仅指具有某一个单项职能的事业单位。由于事业单位内部控制的主体界定不同,其客体的界定标准也有很大差异。进一步说,这里将行政事业单位内部控制客体的重点控制领域放在资金上,并将资金定义为公共资金、国有资源、国有资产。事业单位内部控制的客体,从狭义上看应定位于对事业单位相关经济活动的控制。对事业单位进行内部控制的外部监督部门也是按照这样的控制对象进行监管,如相关审计和纪检部门。经济活动是指事业单位根据财政收支预算对本单位的日常业务进行财务收支管理。但是从广义上来看,很多事业单位内部控制的客体还包括属于单位职能的范围,但是不属于单位日常经济活动控制范围的资金,如社保基金和住房公积金等。

因此,当前我国事业单位的主体定位于狭义上的概念层级,即事业单位本身,但是将客体定位于事业单位管理职能范围内的全部经济活动,包括社保基金等公共资金在内的全资金范围。同时,事业单位内部控制不仅仅是经济活动,还包括对审批权、职权等事权的控制,但考虑到我国现状,现阶段我国事业单位内部控制范围不宜界定为全部活动,而应界定为经济活动即财权,待条件成熟后再逐步扩大范围。

二、事业单位内部控制目标

单位内部控制的目标主要包括:合理保证单位经济活动合法合规,合理保证资产安全和使用有效,合理保证财务信息真实完整,有效防范舞弊和预防腐败,提高公共服务的效率和效果。

(一)合理保证单位经济活动合法合规

行政事业单位经济活动必须在法律法规允许的框架内进行,严禁违法违规行为的发生，这是行政事业单位内部控制最基本的目标，是其他四个目标存在的前提和基础。该目标取决于外部因素，在一些情况下对所有行政事业单位而言都很类似，而在另一些情况下只对部分或个别行政事业单位有要求。行政事业单位通常情况下要采取必要的措施保证单位经济活动合法合规。适用的法律法规确定了其最低的行为准则，行政事业单位须将合法合规目标纳入内部控制目标之中。例如，行政事业单位必须根据预算管理制度如期完成预决算工作，公开预算信息；遵从相关财经规定，提供真实票据完成报销等。因此，行政事业单位需要制定政策和程序来处理相关法律法规要求的事项。行政事业单位的合法合规记录会对其社会形象产生巨大影响，对于提高行政事业单位的执政能力和社会公信力具有重要意义。

（二）合理保证单位资产安全和使用有效

该目标强调了保证行政事业单位资产的安全和有效利用，以保证资产的使用效率。该目标与成熟先进的管理理念和方法、最新的科学技术的发展（尤其是信息技术）以及科学有效的机制和体制密切相关，是实现行政事业单位战略目标的落脚点。行政事业单位资产管理一直是管理中的重点和难点，如何解决单位在建工程项目及时转为固定资产，保证固定资产实物情况与财务情况相符合，成为行政事业单位公共服务质量保障的重要方面。所以，如果要加强单位资产管理，保障资产的安全和完整，就必须从资产采购预算、资产配置及购置标准、资产采购计划、资产采购实施、资产验收入账、资产使用和盘点到最后的资产处置各个环节入手，加强资产控制的过程管理。因此，强调保证资产的安全和有效，就是要加强行政事业单位以预算为中心的资产管理体系。

（三）合理保证单位财务信息真实完整

该目标与会计报告和相关信息的可靠性有关，强调行政事业单位要提供真实可靠的会计报告和相关信息。会计报告和相关信息反映了事业单位的运行管理情况和预算的执行情况，是事业单位财务信息的主要载体。同时，会计报告及相关信息作为社会公共产品，完整地反映了事业单位完成公共服务职能和履行社会责任的情况。另外，事业单位的特殊性和利益相关者的高度分散性，更加突出了事业单位会计报告和相关信息的重要性。因此，事业单位必须合理保证会计报告和相关信息的真实完整，客观地反映部门的运行管理情况和预算的执行情况，为领导层进行决策提供可靠依据，也为其解除受托责任提供依据。事业单位编制的报告既是管理的一种要求，也是一种有效的监督机制，有利于事业单位履行职责，完成工作任务。另外，预算执行报告是事业单位的重要报告之一，具有法定效力，这是事业单位和企业在报告上的差异。

（四）有效防范舞弊和预防腐败

是否将促使事业单位战略目标的实现作为事业单位内部控制的目标之一，这一问题值得深入探讨。事实上，不仅事业单位有战略目标，事业单位的各级单位也有自己的战略目标，因此，事业单位的内部控制应该有战略目标，应将资源分配得公平、公正作为事业单位控制的目标之一。但是从事业单位应用价值和现实意义来看，事业单位内部控制要实现的远远不是一个战略目标，因为战略目标只是事业单位的职能之一。应将立意拔高，应将事业单位的内部控制战略目标定位于国家有序发展。因此，为了具有更强的通行性，事业单位内部控制的战略目标归纳为防范舞弊。

我国事业单位掌握了大量的社会公共资源，在进行资源和资金的分配过程中，单位应该按照公平、公开、公正的态度，廉洁奉公，采用一系列程序化的办公流程，达到资源的优化配置。由于事业单位决策权、执行权和监督权的三权分离机制尚在完善过程中，可能引发贪污腐败行为，破坏单位内部控制体系，造成社会资源的极大浪费和分配不均，这不但会降低人民群众对党和政府的信任度，甚至会影响到我党执政地位的稳固性。因此，现阶段，事业单位应当进一步阐明和界定行政宗旨、行政运行目的和社会使命，规定事业单位在既定的职能领域展开活动所要达到的水平的具体标准。该目标是事业单位能否持续公平分配资源的有效保障，是事业单位内部控制实现最高目标和终极目标的制度基础，作用于事业单位组织层次和业务层级。事业单位的目标是有效地履行相关政府职能，完成事业单位的既定任务，追求社会效益的最大化。因此，事业单位应该借鉴相关成功经验，在单位内部进一步完善决策权、执行权和监督权三权分离的机制，并建立由事先防治和事后惩治构成的反腐倡廉机制，充分运用内控的制衡原理，发挥流程控制作用，有效地预防腐败。

（五）提高公共服务的效率和效果

事业单位与企业的根本区别就是设立和运营目的不同，这反映在事业单位内部控制目标上，就是要提高单位行政公共服务的效率和效果，完成事业单位的公共服务职能。在这个过程中，事业单位要平等地对待单位职能服务对象以及其他相关利益主体，将社会资源合理高效地分配给各利益主体。同时，为了保障单位公共服务职能的发挥，单位要对各公共服务业务所需资金和单位内部正常工作开展所需经费进行预算管理。在这里，最突出的是预算管理的内部预算批复。只有将本单位的预算按照自身职能投向公平、公正地批复给内部各单位（部门），才能有效实现财权与事权的匹配，发挥预算的引导和监督作用，才能将有限的公共资源投向正当合理的方向，以发挥事业单位的公共服务职能。

总而言之，事业单位内部控制以有效防范舞弊和预防腐败目标替代了发展战略。内部控制是保护资产安全、防范舞弊的第一道防线。对于掌握了大量社会公共资源和公共资金的事业单位而言，内部控制更应该关注受托责任的履行情况，而不能片面追求发展规划的政绩考核，内部控制目标设计应充分意识到防范舞弊和预防腐败的重要意义，将廉政建设提升到新的高度，建立由事先防治和事后惩治构成的反腐倡廉机制，充分运用内部控制的制衡原理，发挥流程控制作用，有效地预防腐败。事业单位内部控制更加关注公共服务的效率和效果而不是经营方面。作为公共部门，事业单位属于非营利社会组织，其成立的目的和职能就是为社会公众提供服务，其业务活动主要以实现社会效益为目的而不是经营效益最大化。单位要通过公共服务效率的高低来评估其业务活动的绩效，强调公共服务的覆盖面和满意度，平等地对待公共服务对象以及其他相关利益主体，科学合理地设计资金的分配方案，有效地实现财权与事权的匹配，发挥预算的引导和监督作用，提高公共服务的效率和效果。事业单位内部控制其他三个目标虽然在形式和内容上与企业内部控制大致相同，但是也针对事业单位的特殊属性赋予了一定的新内容，要求事业单位重点关注经济活动的合法合规，以规范作为事业单位最低的行为准则，设计内部规章制度，在保证资产安全的基础上强调使用效率，保证单位在建工程项目及时转为固定资产，资产购置和处置得合理与高效，资产情况与财务账簿相符，防止资产流失和浪费，真实完整地报告单位的财务信息，客观地反映预算执行情况，为单位领导决策提供可靠依据。

第二章 事业单位内部控制的内容

第一节 预算业务控制

一、预算业务控制的目标与内容

预算作为事业单位的核心管理业务，是指事业单位根据事业发展计划和任务编制的年度财务收支计划，包括财务收支规模、结构和资金来源渠道等，是财务管理活动的基本依据。预算既是明确事业单位目标和任务的一种形式，也是事业单位业务活动控制的重要基础和手段，业务活动都要以预算为基础进行。预算将公共服务目标转化为单位内部各部门、各岗位乃至个人的具体行为目标，作为单位开展收支业务、采购业务、资产管理等经济活动的约束条件，预算能够从根本上保证事业单位内部控制目标的实现。所以，加强预算控制，规范预算编制、审批、执行、决算与评价，是加强事业单位内部控制管理的必不可少的内容和手段。

虽然预算本身就有控制功能，但也要重视对预算业务过程的控制，以保证实现预算管理目标，发挥预算的控制作用。单位预算业务或预算管理应在财政部门预算管理的整体框架和要求范围内，结合自身业务特点而展开。在遵循财政部门预算批复的口径与规则的基础上，应对财政部门预算在本单位内部进行分解和细化，明确完成工作任务的预算实施部门和实现方式，并通过具体的支出事项来实现预算目标。正常情况下，事业单位应坚持"量入为出、统筹兼顾、确保重点、收支平衡"的总原则，采取目标责任制的预算管理方式，对单位内部预算的编审、批复、执行、追加、调整、决算考评等进行全过程管理。

二、组织与岗位控制

单位预算控制需要通过组织和岗位体系来实施，事业单位应依据《行政事业单位内部控制规范（试行）》的要求，适当借鉴企业内部控制的一些先进理念，结合各单位自身的特点，建立、完善有效的预算组织与岗位体系，明确预算控制中各组织机构的任务职责，确定相关岗位的职责权限，确保预算编制、审批、执行、评价等不相容岗位相互分离。

单位的预算管理需要单位内部各个部门的参与配合，除了作为核心部门的单位财务部门外，还涉及单位内设业务部门、单位归口统筹部门等相关职能部门。可以说预算管理就是整个单位内部资源的整合优化的过程，需要单位全员、全部门、全过程的参与。当然，参与程度和职责范围各有不同。

（一）预算管理组织机构

一般单位预算管理实行"标准统一、归口统筹、集体决策、分级执行"的层级管理形式，具体划分为预算决策机构、预算日常管理机构及单位内部预算实施机构三个层级的预算管理组织体系。

单位领导办公会议是单位预算决策机构，也有单位专门设置预算管理委员会作为预算决策机构。其主要职责是：决定单位预算管理政策，提出年度预算编制总体目标和总体要求，研究审定单位财务预决算、重大项目立项和经费分配使用计划，听取预决算执行情况分析报告。

单位财务部门是单位预算日常管理机构，在总会计师或分管领导的领导下开展预算管理的日常工作。财务部门可能会设置专门机构如预算科或预算组，其主要职责包括：负责单位预算日常管理的组织协调工作；审核汇总年度预算、决算草案，负责年度预算调整和追加方案；根据财政预决算批复，按相关规定做好预决算及相关财务数据向社会公开工作；对年度预算执行情况进行分析、考核和检查，通报督办各单位预算执行情况，编写单位预算执行分析报告等。

单位内部预算实施机构具体是指单位内部担负预算执行任务的各业务部门和其他部门。其主要职责包括：编报本部门年度收支预算；分解落实本部门经批复的年度预算并组织实施；撰写本部门年度预算执行分析报告；提出本部门年度预算追加和调整申请；编报本部门年度财务决算等。

（二）预算日常管理机构——财务部门预算岗位要求

财务部门应根据上级布置的工作目标和单位的发展规划，牵头并组织预算工作的开展，这一工作涵盖预算管理的完整过程（编制、实施、控制、调整、分析、考核）；牵头制定全面预算管理办法，制定预算定额，编制预算编制指导意见，编制单位的总预算，分解单位预算，编制决算报告。

财务部门应设置预算科或预算组来负责预算的日常管理。财务部门从事预算管理的人员应熟悉财政部门及单位的预算管理政策，还应了解单位具体的业务活动，也就是既懂财务也熟悉业务，这样才能准确把握预算编制和执行的真实性和合理性。鉴于预算管理岗位的重要性，应设置必要的岗位胜任条件。

为确保预算控制的有效性和目标的实现，预算管理中应考虑不相容岗位问题，如预算编制方案的制定与审核、预算的编制与审批、预算的审批与执行、预算的编制与执行、预算的编制与调整、预算的执行与评价、预算的评价与考核、预算的执行与监督等。

三、预算编制与审核

预算编制是事业单位预算管理的起点。单位预算既取决于单位的业务活动目标，也取决于单位所获取的资源。既要依据以前发生的经济活动，又要合理规划未来的业务活动规模，实现财务对业务的支撑和管理。

事业单位应建立预算编制工作流程，明确编制依据、程序、方法等内容，确保预算编制程序规范、方法科学、编制及时、内容完整、项目细化、数据准确。一般按照上下结合、分级编制、逐级汇总的程序，编制年度预算建议数和预算方案,包括预算建议数的编制上报和预算控制数的下达("一上一下")及预算方案的编制上报和预算批复的下达("二上二下")两个流程。预算编制的重点是收入预算和支出预算。编制收入预算时,应考虑单位维持正常运转和发展的基本需要,参考上一年预算执行情况,根据本年度的收入增减因素测算编制,实事求是、积极稳妥地合理预算本单位收入规模。编报全口径预算,按照规定必须列入预算的收入应报尽报,不得隐瞒、少列收入预算,也不得将上年的非常规性收入作为编制依据夸大收入预算。支出预算编制,应充分考虑经济、政策和管理等方面的因素变化,结合本单位发展的各项指标和履行职能的需要,坚持量力而行、量入为出的原则,优先保障基本支出预算,合理安排项目支出预算,不得以支定收,编制赤字预算。

当前,在预算编制环节存在的主要风险是:预算编制程序不规范,可能导致预算不准确,脱离实际;预算编制方法选择不符合实际,可能导致预算编制效率低下,预算数据错误;预算审核批准责任不清晰,标准不明确,可能因重大差错、舞弊而导致单位资源错配,形成资源浪费;预算内容不完整,存在重大遗漏,可能导致无法完成重要工作目标;预算审批与下达程序不规范,方法不科学,可能导致预算权威性不足,执行力不够;预算编制与具体工作脱节,可能导致预算流于形式,无法有效执行。针对预算编制环节存在的主要风险点,可采取如下控制措施。

（一）科学测算，形成合理的预算数据

在预算编制过程中要以业务计划为依据,注意单位内部各部门间的沟通协调,预算编制与资产配置相结合,预算指标与具体工作一一对应。同时,预算编制应在上年度财政收支数据的基础上,根据本单位各部门（下属单位）上报的业务工作计划,对本年度单位财政收支的规模和结构进行预计和测算。单位预算管理部门依据财政预算编报要求,统一部署预算编报工作。各单位按照规定的预算编报职责、预算编制标准,以及下一年度工作安排,提出预算建议数以及基础申报数据,经事业单位领导班子审核后,向上提交。

（二）预算编制逐级审核

各预算单位按照预算编报职责、预算编制标准提出预算建议数以及基础申报数据后，按规定的报送方式，提交至预算管理部门。预算管理部门应对提交的预算建议数和申报数据进行初审，并进行汇总形成预算建议数，交财务部门负责人审核后，提交单位领导审定。单位领导审定后，预算管理部门应按同级财政部门或上级部门规定的格式及要求，报送审核。由于我国政府预算编制时点、人大的审批程序和审批时点的限制，预算编制无法完全与实际业务收支保持一致，难以要求预算编制具有高度的准确性，但事先合理预测可适度弥补。

（三）预算编制归口审核

预算编制可实行归口部门负责的方式，根据单位内部职责划分，既可以由归口部门负责组织对本单位归口职责范围内的业务事项进行预算的编制与审批，也可以采取归口部门只针对业务部门的预算事项进行专业性审核的方式。如人事部门负责统筹管理并审核批复本单位出国预算；信息化部门可以负责统管并组织编制、审批本单位所有信息化建设项目的预算，也可以只负责对本单位所有业务部门的信息化项目预算方案中的技术方案和预算金额进行专业审核。归口审核主要是对预算事项方案的可行性、计划的科学性、金额的合理性发表专业性审核意见。

（四）预算编制中的第三方审核

对于建设工程、大型修缮、信息化项目和大宗物资采购等专业性较强的重大事项，可以在预算编审阶段采取立项评审的方式，对预算事项的目的、效果和金额等方面进行综合立项评审。委托外聘专家和机构等第三方进行外部评审，更有利于保证预算的合理性。

四、预算执行控制

预算执行是按预算确定的规则、程序和内容实际开展业务活动、完成财务收支的基本过程。在预算执行环节应保持单位财务核算和业务活动发生的一致性，建立财务核算工作对预算批复和执行工作的信息反馈与验证机制。

预算执行控制环节的主要风险是：缺乏严格的预算执行授权审批制度，可能导致预算执行随意；预算审批权限及程序混乱，可能导致越权审批、重复审批，降低预算执行效率和严肃性；预算执行过程中缺乏有效监控，可能导致预算执行不力，预算目标难以实现；缺乏健全有效的预算反馈和报告体系，可能导致预算执行情况不能及时反馈和沟通，预算差异得不到及时分析，预算监控难以发挥作用。预算执行中的主要控制措施有：

（一）加强对预算执行的管理

根据批复的预算安排各项收支，明确预算执行审批权限和要求，落实预算执行责任制，确保预算严格有效执行。

（二）加强对预算收入和支出的管理

及时组织预算资金收入，严格控制预算资金支出，不得截留或者挪用应当上缴的预算收入，不得擅自改变预算支出的用途。严格控制超预算支付，调节预算资金收支平衡，防范支付风险。

（三）严格资金支付业务的审批控制

及时制止不符合预算目标的经济行为，确保各项业务和活动都在授权的范围内运行。单位应当就涉及资金支付的预算内事项、超预算事项、预算外事项建立规范的授权批准制度和程序，避免越权审批、违规审批、重复审批。对于预算内非常规或金额重大的事项，应经过较高的授权批准层审批。对于预算执行申请额度超过本部门可执行预算指标的情况，应先按预算追加调整程序办理可执行预算指标的申请。执行申请经业务负责人审批后，才能交归口部门审核。

（四）建立预算执行实时监控制度

及时发现和纠正预算执行中的偏差。建立预算执行分析机制，定期通报各部门预算执行情况，召开预算执行分析会议，研究解决预算执行中存在的问题，提出改进措施，提高预算执行的有效性。

（五）建立重大预算项目特别关注制度

对于重大预算项目，应当建立预算管理项目库，密切跟踪其实施进度和完成情况，实行严格监控。对于重大的关键性预算指标，也要密切跟踪、检查。

（六）建立预算执行情况预警机制

科学选择预警指标，合理确定预警范围，及时发出预警信号，积极采取应对措施。单位应当推进和实施预算管理的信息化，通过现代信息技术手段控制和监控预算执行，提高预警与应对水平。

（七）控制预算调整

引导预算编制的可行性和合理性。预算调整是指在年度预算执行过程中，由于发生不可抗力、上级部门政策调整、临时工作安排等不可预见因素，造成的新增加预算、超过原预算或预算明细更改调整。实际中预算调整不可避免，但预算调整应确保调整程序的规范和完整，不能因简化程序而出现控制漏洞。因政策性和不可预见因素需进行预算调整的，应严格按规定程序，提交预算追加、调整方案报单位财务部门和业务归口部门，经领导审批后，以单位名义拟文报相关政府部门或财政部门进行申请。

预算调整环节的主要风险是：预算调整依据不充分、方案不合理、审批程序不严格，可能导致预算调整随意、频繁，预算失去严肃性和"硬约束"。为此，在有关预算管理制度中应明确预算调整的原则条件，一是预算调整应当符合单位发展规划、年度管理目标和现实状况，重点放在预算执行中出现的重要的、非正常的、不符合常规的关键性差异方面；二是预算调整方案应当客观、合理、可行，在经济上能够实现最优化；三是预算调整应当谨慎，调整频率应予以严格控制，年度调整次数应尽量少。

执行中应规范预算调整程序，严格审批。调整预算一般由预算执行单位逐级向单位领导、办公会议提出书面申请，详细说明预算调整理由、调整建议方案、调整前后预算指标的比较、调整后预算指标可能对单位预算总目标的影响等内容。单位财务部门应当对预算执行单位提交的预算调整报告进行审核分析，集中编制单位年度预算调整方案，并提交预算管理委员会。单位预算管理委员会在审批预算调整方案时，应当依据预算调整的原则和条件，对于不符合预算调整条件的，坚决予以否决；对于预算调整方案欠妥的，协调有关部门和单位研究改进方案，并责成单位财务部门予以修改后再履行审批程序。

五、预算考核控制

预算考核是指在决算之后，依据决算结果对执行情况进行考评，对立项审核、批复、执行的过程进行综合评价，主要考核预算业务目标和实际执行过程及结果的一致性。

预算考核环节的主要风险是：预算考评机制不健全，或未得到有效实施，可能导致预算执行结果不理想；预算考评不严格、考核过程不透明、考核标准不合理、考核结果不公正，可能导致奖惩不到位，使预算管理流于形式。

针对预算考核的相关风险，可以通过建立健全预算执行考核制度，合理界定预算考核主体和考核对象来进行控制。

（一）建立健全预算执行考核制度

一是，建立严格的预算执行考核制度，对各预算执行单位和个人进行考核，将预算目标执行情况纳入考核和奖惩范围，切实做到有奖有惩、奖惩分明。二是，制定有关预算执行考核的制度或办法，认真、严格地组织实施。三是，定期组织实施预算考核，预算考核的周期应当与年度预算细分周期相一致，即一般按照月度、季度实施考评，预算年度结束后再进行年度总考核。

（二）合理界定预算考核主体和考核对象

预算考核主体分为两个层次，即预算管理委员会和内部各级预算责任单位。预算考核对象为单位内部各级预算责任单位和相关个人。界定预算考核主体和考核对象应当主要遵循以下原则：一是上级考核下级原则，即由上级预算责任单位对下级预算责任单位实施考核。二是逐级考核原则，即由预算执行单位的直接上级对其进行考核，间接上级不能隔级考核间接下级。三是预算执行与预算考核相互分离原则，由于自己考核自己往往流于形式，因此预算执行单位的预算考核应由其直接上级部门实施考核。

预算考核是大部分单位预算管理和预算控制的软肋，由于此环节的弱化，导致预算失去激励作用，致使无法利用人的主动性去提高预算执行效果，这应该也是管理上的不足。应该看到，凡是预算考核做得好的单位，预算编制和预算执行也都做得好，结果导向与过程管理的有效结合是保证预算控制有效性的必然途径。

第二节　收入业务控制

一、事业单位收入来源

事业单位收入是事业单位为开展业务及其他活动依法取得的非偿还性资金。事业单位的收入来源有渠道多的特点，主要包括财政补助收入、事业收入、上级补助收入、附属单位上缴收入、经营收入和其他收入等。需要注意的是，有代收上缴非税收入的事业单位，其上缴国库或者财政专户的资金也应纳入事业单位收入业务的管理范围。

（一）财政补助收入

即事业单位从同级财政部门取得的各类财政拨款，包括基本支出补助和项目支出补助。

（二）事业收入

即事业单位开展专业业务活动及其辅助活动取得的收入。其中，按照国家有关规定应当上缴国库或者财政专户的资金，不计入事业收入；从财政专户核拨给事业单位的资金和经核准不上缴国库或者财政专户的资金，计入事业收入。

（三）上级补助收入

即事业单位从主管部门和上级单位取得的非财政补助收入。

（四）附属单位上缴收入

即事业单位附属独立核算单位按照有关规定上缴的收入。

（五）经营收入

即事业单位在专业业务活动及其辅助活动之外开展非独立核算经营活动取得的收入，一般采用权责发生制确认收入。

（六）其他收入

规定范围以外的各项收入，包括投资收益、利息收入、捐赠收入等。采用权责发生制确认的收入，应当在提供服务或者发出存货，同时收讫价款或者取得索取价款的票据时予以确认，并按照实际收到的金额或者有关票据注明的金额进行计量。

二、收入业务控制的目标和内容

收入业务控制是事业单位加强财务管理，促进单位整体事业目标实现的基础业务，其目标通常包括：①各项收入符合国家法律法规的规定。②各项收入核算准确及时，相关财务信息真实完整。③单位应收款项管理责任明晰，催还机制有效，确保应收尽收。④各项收入均应及时足额收缴，并按规定上缴到指定账户，没有账外账和私设"小金库"的情况。⑤票据、印章等保管合理合规，没有因保管不善或滥用而产生错误或舞弊。

收入业务中可能存在的风险包括：①收入业务岗位设置不合理，岗位职责不清，不相容岗位未实现相互分离，导致错误或舞弊的风险。②各项收入未按照收费许可规定的项目和标准收取，导致收费不规范或乱收费现象发生。③违反"收支两条线"管理规定，截留、挪用、私分应缴财政的资金，导致私设"小金库"和资金体外循环。④未由财会部门统一办理收入业务，缺乏统一管理和监控，导致收入金额不实，应收未收，单位利益受损。⑤票据、印章管理松散，没有建立完善的制度，存在收入资金流失的风险。

为应对风险，事业单位收入业务通常设置以下几方面的控制：①收入业务岗位控制——对收入业务岗位职责、权限范围、工作要求等内容进行控制，避免收入审批与管理中违法行为的发生。②收入业务授权审批控制——对收入项目、来源依据等内容进行控制，按特定的渠道进行分工管理，避免单位不合法、不合理的收入项目出现。③收入核算控制——对收入业务实施归口管理，明确由财务部门归口管理各项收入并进行会计核算，严禁设立账外账。④收入票据控制——对票据的入库、发放、使用、销号、结存等环节进行控制，避免违规使用票据的情况发生。

（一）收入业务岗位控制

单位的各项收入应当由财会部门归口管理，统一进行会计核算，及时、完整地记录、反映单位的收入业务。收入应当全部纳入单位预算，严禁设置账外账和"小金库"。业务部门应当在涉及收入的合同协议签订后及时将合同等有关材料提交财会部门作为账务处理依据，确保各项收入应收尽收，及时入账。

收入业务执行过程中，如果存在职责分工不明确、岗位责任不清晰、权限设置不合理、关键岗位权力过大、监督审核缺少等情况，就极易产生错误及徇私舞弊的现象。如果收入业务岗位、会计核算岗位、资金收付岗位缺少相互牵制，就容易产生坐收坐支或挪用公款等具体问题，从而引发收入流失和资金使用的风险。

事业单位应当合理设置岗位，明确相关岗位的职责权限。收入业务的不相容岗位至少包括收入预算的编制和批准、票据的使用和保管、收入的征收与减免审批、收款与会计核算等。事业单位应通过明确划分职责权限设置岗位，加强岗位之间的相互制约和监督，防止差错和舞弊，以达到事前防范、事中控制、预防腐败的目的。

（二）收入业务授权控制

目前事业单位的财务审批权存在过于集中的缺点，并且缺乏必要的监督。授权审批环节执行不严格，如经办部门负责人、主办会计和分管财务负责人没有严格按程序和权限审批并签章，或部门负责人不对收费申请进行认真审批、不严格审核收费过程的合规性，就容易造成收费环节的风险。

事业单位收入业务授权审批控制是针对财政补助收入、事业收入、上级补助收入、附属单位上缴收入、经营收入和其他收入等实施的控制措施，其控制流程如图 2-1 所示。

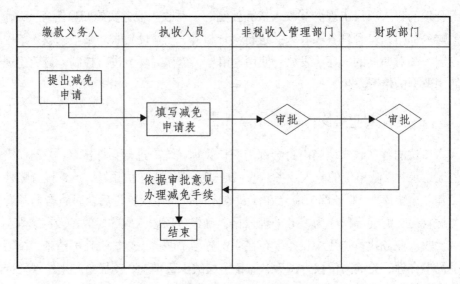

图 2-1 事业单位非税收入减免审批流程

具体过程是：首先由缴款义务人提出申请，申请书应注明减免理由及相关法律法规及政策规定，并附有特殊情况的有关证明材料；然后由执收人员填制行政事业收费减免审批表，并签署对于减征、免征、缓征的意见；之后经单位审批同意，分别报非税收入管理局和同级财政部门审批后，再由执收人员办理减免应缴纳的非税收入。

事业性收费应进行分户分类核算，在月末按收费款项划入国库和财政专户，并按月向财政国库部门报送收费进度表。单位依法收取的代结算收入符合返还条件的，由缴费义务人提出返还申请，征收主管签署意见，经财政部门审核确认后，通过非税收入汇缴结算户直接返还交款人。依照法律法规规定确认为误征、多征的非税收入，由缴款义务人提出申请后，经由财政部门确认，通过非税收入汇缴结算户及时、足额、准确地退还给缴款义务人。已划至国库或财政专户的，则由国库或财政专户直接退付。

（三）收入核算控制

事业单位的各项收入应当由财会部门归口管理并进行会计核算，严禁设立账外账。业务部门应当在涉及收入的合同协议签订后及时将合同等有关材料提交财会部门作为账务处理依据，确保各项收入应收尽收，及时入账。财会部门应当定期检查收入金额是否与合同约定相符；对应收未收的项目应当查明情况，明确责任主体，落实催收责任。

事业单位取得的按照"收支两条线"管理要求，应纳入预算管理或应缴入财政专户的预算外资金，不能直接计入事业收入，应根据上缴方式的不同，直接缴入财政专户或由单位集中后上缴财政专户。根据经过批准的部门预算、用款计划和资金拨付方式，事业单位收到财政专户返还款时，再计入事业收入。

（四）收入业务票据控制

事业单位应当建立健全票据管理制度。财政票据、发票等各类票据的申领、启用、核销、销毁均应履行规定手续。事业单位对收入业务票据的控制流程如图 2-2 所示。

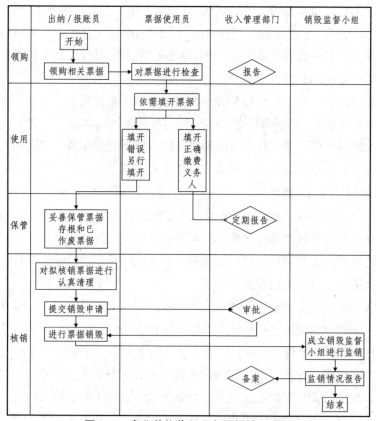

图 2-2 事业单位收入业务票据控制流程

1. 票据申领

事业单位应按照规定的手续进行财政票据、发票等各类票据的申领，征收非税收入的票据应当由出纳人员从非税收入管理部门统一领购。

2. 票据启用

事业单位应当按照规定建立票据台账并设置专门管理票据的人员，做好票据的保管和登记工作。票据应按照顺序号使用，不得拆本使用，作废票据也要做好管理。负责保管票据的人员要配置单独的保险柜等保管设备。

在非税收入票据启用前，单位应先检查票据有无缺联、缺号、重号等情况，一经发现应及时向非税收入管理部门报告；单位按上级有关规定从上级主管部门领取的专用票据，经同级非税收入管理部门登记备案后方能使用。

3. 票据保管与使用

事业单位应建立票据台账，全面、如实登记，反映所有票据的入库、发放、使用、销号、结存情况。票据台账所反映的票据结存数必须与库存票据的实际票种及数量一致；对票据进行定期盘点，盘点时应有出纳人员以外的人员参加，确保未使用票据的安全。

事业单位应严格执行票据管理的相关规定，不得违反规定转让、出借、代开、买卖财政票据、发票等票据，不得擅自扩大票据适用范围。设立辅助账簿对票据的转交进行登记；对收取的重要票据，应留有复印件并妥善保管；不得跳号开具票据，不得随意开具印章齐全的空白支票。

4. 票据核销与销毁

事业单位应按规定程序对财政票据、发票等各类票据进行核销与销毁。因填写、开具失误或其他原因导致作废的票据，应予以保存，不得随意处置或销毁。对超过法定保管期限、可以销毁的票据，在履行审批手续后进行销毁，但应当建立销毁清册并由授权人员监销。

执收人员开具非税收入票据时，应做到内容完整，字迹工整，印章齐全。非税收入票据因填写错误而作废的，应加盖作废戳记或注明"作废"字样，并完整保存其各联，不得私自销毁。对于丢失的非税收入票据，应及时登报声明作废，查明原因，并在规定时间内向非税收入管理局提交书面报告；作废的非税收入票据和保管五年以上的票据存根的销毁，应经单位负责人同意，然后向非税收入管理部门提出销毁申请，非税收入管理部门审核同意后销毁。

事业单位收入业务票据控制的关键点有以下几点：①出纳人员从非税收入管理部门领取票据、单位按有关规定从上级主管部门领取专用票据，应经同级非税收入管理部门登记备案后方能使用。②执收人员开具非税收入票据时，应作到内容完整，字迹工整，印章齐全。③因填写错误而作废的非税收入票据，应加盖作废戳记或注明"作废"字样，并完整保存其各联，不得私自销毁。④销毁前应认真清理销毁的票据，确保票据开出金额与财务入账金额完全一致。⑤票据销毁申请应经单位负责人同意后，方能向非税收入管理部门提交。⑥销毁监督小组由 3 至 5 名来自财务部门、审计部门的工作人员组成。⑦监毁情况应以小组名义出具，经财务部门负责人和单位负责人签字后，报送非税收入管理部门备案。

第三节 支出业务控制

一、事业单位支出的主要内容

事业单位支出是指事业单位开展业务及其他活动时发生的资金耗费和损失，包括事业支出、对附属单位的补助支出、上缴上级支出、经营支出和其他支出。

（一）事业支出

即事业单位开展专业业务活动及其辅助活动发生的基本支出和项目支出。基本支出是指事业单位为了保障其正常运转、完成日常工作任务而发生的人员支出和公用支出。项目支出是指事业单位为了完成特定工作任务和事业发展目标，在基本支出之外所发生的支出，主要指的是购置专用设备的支出。

（二）对附属单位的补助支出

即事业单位用财政补助收入之外的收入给予附属单位补助所发生的支出。

（三）上缴上级支出

即事业单位按照财政部门和主管部门的规定上缴上级单位的支出。

（四）经营支出

即事业单位在专业业务活动及其辅助活动之外开展非独立核算经营活动发生的支出。

（五）其他支出

即本条上述规定范围以外的各项支出，包括利息支出、捐赠支出等。事业单位的支出通常结合单位经济活动业务特点、管理要求进行分类，如某事业单位经费支出分为人员经费、基本机构运转业务经费、重点管理经费（"三公"经费）、基本建设项目经费、工程修缮经费、信息化项目经费、购置项目经费和专项业务经费八大类。

二、支出业务控制的目标和内容

支出业务控制是事业单位内部控制的重要内容，支出业务控制的目标主要包括：①各项支出符合国家相关法律法规的规定，包括开支范围和标准等。②各项支出符合规定的程序与规范，审批手续完备。③各项支出真实合理。④各项支出的效率和效果良好。⑤各项支出得到正确核算，相关财务信息真实完整。

单位应当建立健全支出内部管理制度，制定各类支出业务管理细则，确定单位经济活动的各项支出范围和标准，明确支出报销流程，按照规定办理支出事项。事业单位支出业务控制的主要内容有以下几个方面：①支出业务岗位控制。合理设置岗位，确保不相容岗位分离。②支出审批控制。明确相关部门和岗位的职责权限，确保办理支出业务的不相容岗位相互分离、制约和监督。③支出审核控制。全面审核各类单据。重点审核单据来源是否合法，内容是否真实、完整，使用是否正确，是否符合预算，审批手续是否齐全。④支付控制。明确报销业务流程，按照规定办理资金支付手续。签发的支付凭证应当进行登记。使用公务卡结算的，应当按照公务卡使用和管理的有关规定办理业务。

⑤支出核算和归档控制。由财会部门根据支出凭证及时、准确登记账簿；与支出业务相关的合同等材料应当提交财会部门作为账务处理的依据。

（一）支出业务岗位控制

单位应当按照支出业务类型，明确内部审批、审核、支付、核算和归档等支出各关键岗位的职责权限。实行国库集中支付的，应当严格按照财政国库管理制度的有关规定执行，确保支出申请和内部审批、付款审批和付款执行、业务经办和会计核算等不相容岗位相互分离。支出业务不相容岗位还应延伸考虑：人员管理与人员支出管理；人员费用的审批与发放；支出预算的执行与监督；支出内部定额的制定与执行；支出的审核、批准与办理。

（二）支出业务审批控制

事业单位在确定授权批准的层次时，应当充分考虑支出业务的性质、重要性及金额大小。预算内的一般支出可由部门负责人或分管领导审批，但预算内的重大开支则需要单位负责人审批才能报销；预算外的重大支出需要经事业单位管理层集体决策，并且要对预算外支出严格控制。事业单位管理层如果只有审批权力，不承担审批责任，就会产生违规审批、越权审批、争相审批、审批过多、审批过滥等风险。

事业单位应当按照支出业务的类型，明确内部审批、审核、支付、核算和归档等支出各关键岗位的职责权限，明确支出业务的内部审批权限、程序、责任和相关控制措施。审批人应当在授权范围内审批，不得越权审批。事业单位主管领导负责单位支出相关管理制度和文件的审批，参与内部定额修改方案的集体审批，负责审阅向上级单位或财政部门提供的分析报告。实行国库集中支付的，应当严格按照财政国库管理制度的有关规定执行。

单位应对不同资金的财务管理风险按不同的执行方式和审批权限进行管理，以某事业单位为例：

1. 基本支出

第一，计划生育、公费医疗、抚恤金、丧葬费、养老保险个人账户这五类事项在预算执行时需要先报人事部门审核，提交财务部门核对金额，由分管财务的单位领导签批后，向财政部门发文申请执行。

第二，属于自行采购事项，按其规定选择相应的政府采购执行方式和自行采购执行方式履行审批手续。

第三，超过五十万元的一次性大额公用经费支出经单位领导班子集体研究决定后执行并备案。

第四，除上述事项以外的其他基本支出由单位内部自行审批执行。

2. 重点管理经费（"三公"经费）支出

"三公"经费实行重点管理，年初预算批复后，由财务部门下达经单位领导审批的"三公"经费总控制额度，单位在控制额度内每季度末向财务部门报送下季度"三公"经费用款计划，由事业单位财务部门调度指标后在额度内执行。其中：

第一，因公出国经费。事业单位应在年初将本单位出国计划报送单位人事部门，经由人事部门审核汇总后纳入本单位全年出国计划，由单位财务部门审核出国经费预算后报分管财务的领导和单位领导审批。

第二，公务用车运行维护费。事业单位应细化账目处理实行单车核算；使用公款租车应按相关规定办理相关租用车辆审批手续后方可执行。

第三，公务接待费。事业单位应参考往年同期支出数据在每季下达指标额度，相关费用在额度内执行。季末次月10日内，将支出明细报送单位财务部门。

3. 机构运转业务经费

属于自行采购事项，按其规定选择相应的方式履行审批手续；不属于采购执行的机构运转业务经费，明确不属于采购执行的机构运转业务经费的审批权限与审批程序。

第一，单笔金额在二十万元以内且全年累计不超过五十万元的同一支出事项，由事业单位自行审批。

第二，单笔金额在二十万元（含二十万元）至五十万元之间且全年累计不超过一百万元的同一支出事项，提交单位财务部门会同相关业务归口部门审核后，报分管财务领导审批。

第三，单笔金额超过五十万元（含五十万元）至一百万元之间且全年累计不超过五百万元的同一支出事项，由单位财务部门会同相关业务归口部门审核后，报分管财务领导和单位领导审批。

第四，单笔金额超过一百万元（含一百万元）的支出，由单位财务部门会同相关业务归口部门审核，报分管财务领导和单位领导审批后，提交单位领导办公会议审议决定。

4. 基本建设项目支出、工程修缮项目支出、信息化项目支出、购置项目支出

要按照相关要求履行相应的审批手续。

5. 对外投资、对外借款、对外捐款等事项的支出

在预算执行时均要由事业单位财务部门会同相关业务归口部门审核后，报分管财务领导和单位领导审批。单笔金额超过一百万元（含一百万元）的支出，须报单位领导办公会议审议决定。

（三）支出业务审核控制

部分事业单位在实际业务中存在部门负责人随意审核开支的现象，对报销的经办人员缺少应有的监管，造成经办人员在报销单据中虚报支出；分管财务负责人在审核过程中见到领导签字就直接批复，不审核所报销资金的真实性、合法性。事业单位支出审核不严谨，缺乏有效的监控体系，财务人员对审核标准的理解不准确、新文件、新规定下达不及时等因素，往往造成支出审核风险。

单位财会部门应当加强支出审核控制，全面审核各类支出单据。重点审核单据来源是否合法，内容是否真实、完整，使用是否准确，是否符合预算，审批手续是否齐全。

支出凭证应当附反映支出明细内容的原始单据，并由经办人员签字或盖章，超出规定标准的支出事项应由经办人员说明原因并附审批依据，确保与经济业务事项相符。支出单据的审核原则如下：

1. 审核原始发票内容的真实性

对原始发票内容真实性的审核主要包括以下内容：一是审核原始发票内容是否真实，如验证票据所写的单位名称是不是本单位的名称；二是验证票据有没有少购多开、无购虚开的现象；三是检查发票的格式是否符合国家的规定；四是验证发票上的署名是否真实；五是审查原始发票本身是否真实，有无弄虚作假现象。

2. 审核原始发票要素的完整性

对原始发票要素完整性的审核主要包括以下内容：一是审核发票的名称与加盖的印章是否一致；二是审核所产生的经济内容是否真实可靠；三是审核发票的金额；四是审核发票的日期与发生经济业务的日期是否一致；五是审查发票的编号，验证所要报销的票据编号与近期报销票据的编号是否相近，以防空白发票作假报销。

3. 审核原始发票支出范围的合法性

对原始发票支出合法性的审核主要包括以下内容：一是审核是否符合财务标准的相关规定。例如，报销人员提供的车船票，包括飞机票，只能在规定的标准以内进行报销，对不符合报销范围或超过报销标准外的部分应不予报销。二是审核取得的原始发票与所发生的经济业务之间的因果关系。如果因私而取得的原始发票，尽管所反映的经济业务真实，也不能作为结算报销的依据。三是审核是否违反财经纪律。对擅自提高开支标准，扩大开支范围，用公款请客送礼及侵占国家、集体利益的原始发票应一律拒之门外。

（四）支付控制

事业单位所有的付款业务都必须履行规定的程序，即支付申请—支付审批—支付审核—办理支付。出纳人员只有在收到经过领导审批、会计审核无误的原始凭证后才能按规定的金额办理付款手续。有些事业单位虽然制定了《报销支付程序与办法》等相关文件，但在实际工作中却没有完全遵守。例如：有的审核人员不在岗时，出纳人员有时会在报销审批手续不全的情况下，依据个人之间的关系和自己的方便程度自行办理资金支付，缺少审核程序，出纳支付资金的随意性较大，这种支付程序往往会给事业单位带来无法弥补的损失，可能引发"坐收坐支"的风险。

事业单位支付控制流程如图2-3所示。

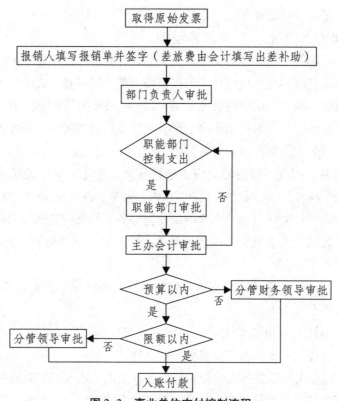

图 2-3 事业单位支付控制流程

1. 事业单位支出报销业务控制

事业单位应明确报销业务流程，按照规定办理资金支付手续，登记签发的支付凭证。一般来说，事业单位与支出报销业务流程相关的人员，包括有报销业务的各业务部门经办人员、各业务部门负责人、分管各业务部门的事业单位领导、分管财务负责人、主办会计、记账会计、出纳会计。对事业单位支出报销业务的控制可以概括为以下四个关键环节：

第一，各部门经办人员先填制报销单交由该部门负责人审批，如果金额超过一定额度要报分管领导审批。

第二，主办会计审核报销单据的真实性、合法性。

第三，分管财务负责人审核其资金使用是否合理，审批环节、审批手续是否完备。

第四，将报销单据交出纳处，出纳给付现金或开具支票付款，登记现金日记账后交给记账会计记账。

2. 事业单位支出公务卡结算控制

公务卡是预算单位工作人员持有的，主要用于日常公务支出和财务报销业务的信用卡。它既具有一般银行卡的授信消费等共同属性，又具有财政财务管理的独特属性。事业单位使用公务卡结算的，应当按照公务卡使用和管理的有关规定办理业务。公务卡报销不改变预算单位现行的报销审批程序和手续，有利于及时办理公务消费支出的财务报销手续。

公务卡的适用范围包括使用现金结算日常公务支出中零星商品服务和两万元以下的采购支出，具体内容包括：水费、电费、办公费、差旅费、交通费、招待费、印刷费、电话费等。事业单位使用公务卡结算的具体控制措施如下：

第一，报销人员填报支出报销审批单，凭发票、POS 机消费凭条等单据，按财务报销程序审批。

第二，出纳人员凭核准的支出报销审批单及报销单据，通过 POS 机将报销资金划转到个人卡上。

第三，报销人员当场确认后，在 POS 机打印的凭条上签字，财务人员凭经签字确认的凭条、支出报销审批单登记入账。

第四，持卡人使用公务卡结算的各项公务支出，必须在规定的免息还款期内（银行记账日至发卡行规定的到期还款日之间的期限），到本单位财务部门报销。

第五，因个人报销不及时造成的罚息、滞纳金等相关费用，由持卡人承担。

第六，如个别商业服务网点无法使用银行卡结算系统，报销人先行以现金垫付后，可凭发票等单据到单位财务部门办理报销审批手续。

第七，因持卡人所在单位报销不及时造成的罚息、滞纳金等相关费用，以及由此带来的对个人资信的影响等责任，由单位承担。

（五）支出业务会计核算控制

事业单位的支出报账程序是"先审批再审核"，会计人员无法参与到单位重要业务的事前决策，审核也只是针对票据的规范性，这样就弱化了财务人员的事前监督。在确认和计量经济业务时，主要是针对原始凭据，缺乏与其存在勾稽关系的类比凭证，从而导致支出业务的真实性、计价的准确性无法核对，这就为虚列支出、转出资金提供了机会。

事业单位加强支出业务的会计核算，应由财会部门根据支出凭证及时准确登记账簿；与支出业务相关的合同等材料应当提交财会部门作为账务处理的依据。财会部门负责人应关注和监督支出预算的执行，组织结余资金的管理，组织做好单位支出的财务分析与评价，提高资金的使用效益。

事业单位支出包括事业支出、对附属单位补助支出、上缴上级支出、经营支出和其他支出等。为了核算事业单位的事业支出，应设置"事业支出"科目。因事业支出的项目较多，为便于分类核算与管理，事业单位应根据实际情况设置明细科目，如基本工资、补助工资、其他工资、职工福利费、社会保障费、"三公"经费、设备购置费、修缮费等费用。人事部门负责人应严格按照主管部门下达的人员编制标准配备在职人员；组织做好在职人员的调进、调出、退休等变动以及临时工使用工作；对长期不在岗人员及时处理，并如实调整人员经费支出。

第四节　采购业务控制

采购环节舞弊易发，识别风险十分重要，应当严格采购控制程序，规范采购行为，防范失控风险。

一、采购管理与风险评估

（一）采购业务与采购管理

采购是指以合同方式有偿取得货物、服务和工程的行为，包括购买、租赁、委托、雇用等。采购按对象可分为如图2-4所示的三大类。

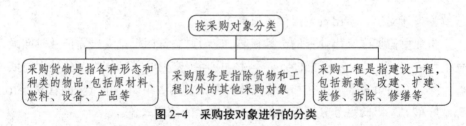

图 2-4　采购按对象进行的分类

采购活动涉及预算编制、采购组织、资金拨付等诸多环节。采购管理的总体思路是，对采购业务流程进行梳理，明确业务环节，通过系统分析确定风险点，重点把握关键环节控制点，把内部控制的目标、控制要点以及业务循环的过程融为一体，促使内部控制流程有效运转，保证采购业务目标与控制目标同步实现。

采购活动应当实施分类管理。事业单位可以根据采购金额的大小以及采购物品的复杂程度确定不同的采购类别。对金额大且性能复杂的物资需要强化风险评估，进行严格的招投标管理，并由专业人员选择优质供应商；对于金额大但采购相对简单且频率较高的，可以进行年度招投标，建立长期供货关系，并做好年度供应商评价；对于金额较小但性能复杂的物资需要做好准入测试和必要的到货验收；对于金额小且较简单的物资可以管理得较为宽松，以提高采购效率。

政府采购是指单位使用财政性资金，按照《中华人民共和国政府采购法》（以下简称《采购法》）的规定，集中采购目录以内的或者采购限额标准以上的货物、工程和服务的行为，分为集中采购和分散采购等。政府集中采购目录和采购限额标准依照《采购法》规定的权限制定。属于中央预算的政府采购项目，其集中采购目录由国务院确定并公布；属于地方预算的政府采购项目，其集中采购目录由省、自治区、直辖市人民政府或者其授权的机构确定并公布。

（二）采购方式与采购过程

采购方式是各类主体在采购中运用的方法和形式的总称，可以分为以下几种：

1. 集中采购

集中采购是指采购人将列入集中采购目录的项目，委托集中采购机构代理采购，或者进行部门集中采购的行为，如图 2-5 所示。

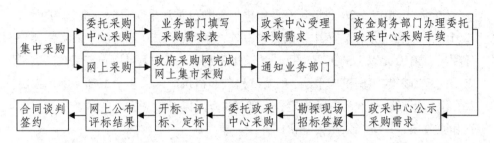

图 2-5　政府集中采购流程

集中采购由资产管理处委托市政府采购中心代理采购，分为以下两种：

一是电子集市采购。采购的货物属于年度政府采购集中采购目录范围内集市采购的，由市政府采购中心定期招投标后在政府采购网上发布，并且按照协议采购网上供货，由资产管理处实行电子集市竞价采购；属定点采购的，由资产管理处实行电子集市直购方式采购。

二是非电子集市采购。采购的货物属于年度政府采购集中采购目录范围内非集市采购的，由资产管理处委托市政府采购中心代理采购。其中，采购的货物预算金额在规定限额以上的，由资产管理处委托市政府采购中心组织公开招标采购，相关招投标手续由市政府采购中心代理。采购货物预算金额在规定限额以下的，由资产管理处委托各级政府采购中心组织非招标采购方式采购，相关手续由各级政府采购中心代理。

2. 分散采购

分散采购是指采购人将采购限额标准以上的未列入集中采购目录的项目自行采购或者委托采购代理机构代理采购的行为，如图 2-6 所示。

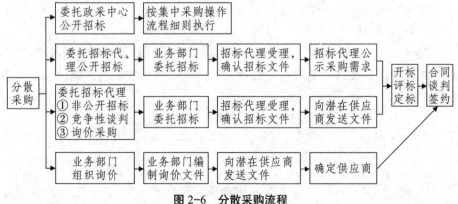

图 2-6　分散采购流程

《上海市 2017—2018 年政府采购集中采购目录和采购限额标准》（沪财采〔2016〕325 号）规定：集中采购目录以外，预算金额 20 万元以上的货物和服务项目、50 万元以上的工程项目，属于分散采购，采购人可以自行采购，也可以委托政府采购代理机构采购，采购过程应严格执行《采购法》和《中华人民共和国招标投标法》的有关规定；达到 200 万元以上数额标准的各类货物、工程和服务项目，应当采用公开招标方式。

分散采购可分为以下几种：

一是，招标。招标又分为公开招标和邀请招标。公开招标指招标人以招标公告的方式邀请不特定法人或者其他组织投标；邀请招标是指招标采购单位依法从符合相应条件的供应商中随机选择三家以上，并以投标邀请书的方式邀请其参加投标。

二是，竞争性谈判。谈判小组从符合相应条件的供应商名单中确定不少于三家参加谈判，并向其提供谈判文件的一种采购方式。

竞争性谈判必须符合以下情形之一：①招标后没有供应商投标，或者没有合格标的，或者重新招标未能成立的。②招标所需时间不能满足工作需要的。③技术复杂或者性质特殊，不能确定详细规划或者具体要求的。④不能计算出价格总额的。⑤涉及保密信息，不宜提前公开相关事项内容的。

三是，询价采购。询价采购是指询价小组根据采购需求，从符合相应条件的供应商名单中确定不少于三家并向其发出询价单，让其报价，由供应商一次报出不得更改的报价，然后询价小组在报价的基础上进行比较，并确定最优供应商的一种采购方式，也就是通常所说的"货比三家"，这是一种相对简单而又快速的采购方式。

3. 授权采购

授权采购（自行采购）是指对于在政府集中采购目录所列举的范围之外，而在采购限额标准以下的政府采购项目，由单位自行实施的采购活动，如图 2-7 所示。

图 2-7　授权采购流程

授权采购分为以下两种：

一是，询价采购。对采购内容简单、标准相对统一的，可向不少于三家符合条件的供应商发出询价通知。在回复的供应商报价中，业务部门根据符合采购需求且报价最低的原则确定成交供应商，并将结果通知给所有被询价的未成交供应商。

二是，定向采购。采用该种方式产生供应商的，业务部门应提交情况说明。

4. 单一来源采购

单一来源采购也称直接采购，是指达到了限额标准和公开招标数额标准，但所购商品的来源渠道单一，或属专利、首次创造、合同追加、原有采购项目的后续扩充，以及因发生了不可预见紧急情况不能从其他供应商处采购等情况，如图 2-8 所示。

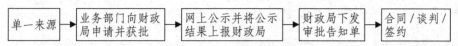

图 2-8　单一来源采购流程

凡采用单一来源采购方式的，业务部门要出具书面申请，写明理由，报领导审批同意后，由财务部向财政局申请单一来源采购方式，经财政局审批通过后方可实施。

符合以下情形之一的，可以申请以单一来源方式进行采购：①只能从唯一供应商处采购的。②发生不可预见的紧急情况不能从其他供应商处采购的。③应当保证原有采购项目一致或者服务配套的要求，需要继续从原有供应商处添购的，采购金额不能超过原合同金额的 10%。

各种采购方式可以按照图 2-9 进行分类。确定采购方式对于控制采购过程很重要，单位应当严格按照集中采购目录范围和采购限额标准，分别采取不同的采购方式进行采购，并实施采购过程管理。

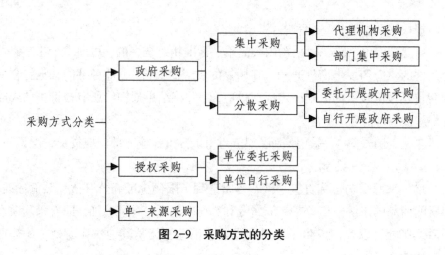

图 2-9　采购方式的分类

（三）公开招标与风险防范

招标和投标是交易过程的两个方面，有公开招投标和邀请招投标两种形式，是一种国际上普遍运用的、有组织的市场交易行为，是贸易中的一种工程、货物、服务的买卖方式。

招标是指招标人（买方）发出招标公告或投标邀请书，说明招标的工程、货物、服务的范围，标段（标包）划分，数量，投标人（卖方）的资格要求等，邀请特定或不特定的投标人（卖方）在规定的时间、地点，按照一定的程序进行投标的行为。

依法招标能保证在市场经济条件下进行最大限度的竞争，有利于实现社会资源的优化配置，提高企事业单位、中介服务机构、项目单位的技术业务能力和服务管理水平，有利于克服不正当竞争，有利于防止采购活动中的腐败行为，有利于保护国家利益、社会公共利益和招投标活动当事人的合法权益。

公开招标属于无限制性竞争招标，是招标人通过依法指定的媒介发布招标公告的方式邀请所有不特定的潜在投标人参加投标，并按照法律规定的程序、招标文件规定的评标标准和方法确定中标人的一种竞争交易方式。凡属于政府采购项目范围之内的货物、工程和服务，达到规定数额标准的，均应当采用公开招标方式。

某单位对政府采购项目的公开招标规定如下：单项预算金额 100 万元以上的各类货物，预算金额 50 万元以上的各类服务，预算金额 200 万元以上的各类工程。

对达到公开招标数额标准的分散采购项目，采购人不具备自行招标条件的，应当委托集中采购机构或具有政府采购代理资格的采购代理机构采购。

委托各级政府采购中心（或者具有政府采购代理资格的其他采购代理机构）代理的采购项目，根据采购活动过程评定产生中标候选供应商。资产管理处将评定结果报请分管采购的单位领导审批同意后，确定中标供应商。

单位应当加强对采购活动的管理，建立政府采购、资产管理、财会、内部审计、纪检监察相互协调与相互制约的机制。采购部门应加强与资产管理部门和财务部门的信息沟通。内部审计和纪检监察部门应当加强对政府采购活动的监督检查，有效防范采购需求制定和组织实施过程中存在的串通舞弊风险。

采购管理应关注主要流程、关键环节、主要风险点与控制重点，包括是否按照预算和计划组织采购业务，是否按照规定组织采购活动和执行验收程序，是否按照规定保存采购业务相关档案等。

（四）采购管理的主要环节

单位应当加强对采购预算与计划的管理，严格遵循"先预算、后计划、再采购"的工作流程，先规范填报集中采购预算，编报并录入采购计划后，方可实施采购。应根据工程、货物和服务的实际需求及经费预算标准和设备配置标准细化采购预算，列明采购项目或货物品目，并根据已批复的预算及实际采购需求安排编报月度采购计划，实现预算控制计划、计划控制采购、采购控制支付。

采购业务环节主要包括采购预算编报与下达，采购计划（预算）编制及审核、采购需求制定、采购方式选择与确定、采购方式与招投标管理、采购合同签订、采购过程控制、验收与款项支付等，并可归纳为采购预算、采购计划、采购执行、验收入库、支付货款等环节（二级流程）。采购的具体控制流程如图 2-10 所示。

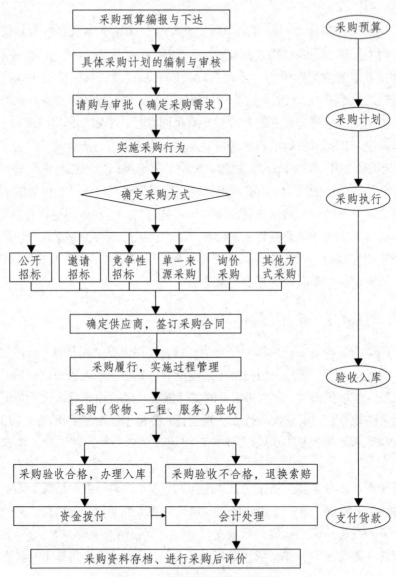

图 2-10 采购业务具体工作流程

在采购业务的内部控制流程中,应着眼于以下几个方面的控制,并建立相应的控制措施:

一是,建立管理岗位责任制,明确相关部门和岗位的职责与权限,确保不相容职务互相分离、制约。

二是，建立授权审批制度，明确审批人对采购业务的授权批准范围、方式、权限、流程、责任和相关控制措施，规定经办人办理采购业务的职责范围和工作要求，各级管理层必须在授权范围内行使职权和承担责任，经办人员也必须在授权范围内办理业务。对于重大采购事项，还应严格实行集体决策审批或者联签制度。

三是，建立归口管理、分工负责、相互协调与监督机制，对采购申请、选定采购方式、招评标、比质比价、合同订立、验收、付款等全过程实行管理、协调和控制。

四是，建立完善的采购控制制度，并落实采购流程控制关键点及管控措施。通过制定规范的采购流程，完善合理的采购体系，对单位各项采购事项进行统一安排，从而有效利用社会资源，为单位的业务活动采购物美价廉的物品。

（五）采购业务的主要风险点分析

只有充分识别采购业务中的风险，才能对这些风险进行有效管控。单位可以从采购管理、采购程序等方面梳理单位采购业务控制的主要风险。

采购管理（机制）方面的主要风险点包括：①未制定采购管理相关的制度，采购预算与计划的制订，采购活动的执行，验收与合同管理等工作无据可依，可能滋生舞弊或导致采购活动效率低下。②未建立采购业务管理岗位责任制，相关部门和岗位的职责权限不清，可能导致采购活动效率低下。③采购业务中不相容职务未分离，未建立健全内部监督检查机制，可能滋生舞弊，造成财产损失。④未指定专人负责收集、整理、归档并及时更新与政府采购业务有关的政策制度文件，培训不力，可能导致相关人员未及时掌握管理规定，影响采购管理的效率，存在合规性风险；等等。

采购程序（环节）方面的主要风险点包括：①未编制采购预算，采购计划安排不合理，可能导致采购失败或者资金、资产浪费。②未采用恰当的采购方式，或者在招投标过程中存在不规范甚至违法行为，可能导致采购的产品质次价高等风险。③采购组织形式、方式变更，采购进口产品等规定事项未按照要求履行内部审批程序，可能滋生舞弊，造成效率低下或资金浪费。④大宗设备、物资或重大服务采购业务需求未由单位领导班子集体研究决定，未成立内部资产、财会、审计、纪检监察等部门人员组成的采购工作小组，可能造成资金使用效率低下或采购产品、服务质次价高的风险。⑤采购验收不规范，付款审核不严格，可能导致实际接收的产品与采购合同约定有差异、资金损失或单位信用受损等风险。⑥采购业务相关档案保管不善，可能导致采购业务无效、责任不清等风险；等等。

二、采购控制的具体目标

采购业务内部控制的总体目标是按照预算和法定程序组织采购活动，控制采购成本，保证采购质量和会计记录中款项支付的真实性、合法性，提高资金使用效率，防止套取资金、浪费资金、收受贿赂、损害单位利益等行为的发生。具体目标还需要认真分析、仔细琢磨。例如，对于办公用品采购而言，不能仅仅将目标表述为"采购到需要的东西"，因为这既不完整，又不具体，而且"需要"这个词太笼统了，对此，更好的目标表述可以是"按照预算或计划的规定，在要求的时间内采购到物美价廉、数量匹配的某样具体东西"。

根据采购的业务目标，按照采购业务流程中的各个环节对业务目标进行分解，就能得到相应的控制目标。由于采购涉及的流程环节包括采购预算、采购计划、采购执行、验收与付款等，因此，采购业务各个环节的控制目标如表2-1所示。

表 2-1　采购控制的具体目标

采购环节	具体控制目标	目标属性
采购预算	编制预算需要内容完整、数据准确、方法科学，保证资源分配的有效性并控制采购成本，避免发生重复购置、浪费资金，或出现未予购置，影响业务工作的情况	完整性、准确性、合理性
采购计划	采购计划是根据采购预算作出的具体安排，所以应完整地反映采购预算的落实情况，且采购计划的安排必须经过相应审批，注意采购的规模效益以及科学合理	完整性、准确性、合理性、有效性
采购执行	包括采购的招投标管理、供应商选择以及采购实施等流程，其中，招投标以及供应商的选择必须符合国家相关采购法律法规	合法性、合理性、有效性
验收与付款	对采购项目的数量、质量、规格等事项进行严格验收，确保采购物品符合预期，并按照规定程序办理付款手续	准确性、完整性、有效性

三、采购管理流程与控制要点

（一）采购预算流程与控制要点

合理、科学地编制年度采购预算是采购准备控制的基础。单位应当在全面清查各类财产货物情况的基础上，编制年度采购预算，提出明确的采购需求，包括采购货物的名称、采购金额、采购时限、资金来源等。所需采购的货物需由相关职能部门负责人审核并报分管职能部门的单位领导审核同意。其中，采购需求应描述明确，属于信息化的货物需求由信息管理部门明确规格、型号。

采购预算是实现采购政策目标最为重要的管理手段，是控制采购支出的源头。单位应根据业务需求、经费预算标准和设备配置标准制定部门预算，特别要注意采购预算与其他预算的协调性，防止出现数据不符或脱节现象。单位应根据批复的预算及实际需求安排采购计划，对于因业务需要产生的超预算和预算外采购项目，应先按照规定申报追加或调整预算，获得批准后方能实施采购。

（二）采购计划流程与控制要点

年初已确定采购需求的，或者年初未确定采购需求但拟购货物属于年度政府采购集中采购目录范围的，由资产管理部门根据业务需要提出货物采购需求后报财务部门，财务部门审核货物采购预算。资产管理部门按照年度政府采购集中采购目录范围和采购限额标准确定采购方式，并将货物采购的具体需求、采购方式、预算经费等上报分管财务的单位领导审批。

在年度中提出货物采购需求，且拟购货物不属于年度政府采购集中采购目录范围的，由资产管理部门拟写签报并交财务部门会签，明确具体采购需求，确定采购方式和经费，并报资产管理部门和分管财务的单位领导审批。其中，属于信息化设备的采购还应由信息管理部门审核。

合同的签订按照"谁组织采购，谁负责签订"的原则执行。货物采购过程中，按照法律法规的规定需要起草合同文本的，由资产管理部门草拟合同并与财务部门、政策法规部门会签，报经分管领导审批后，与供应商签订合同。

采购单位应当对合同进行备案登记和保管，限额以上的重大合同应报上级单位备案。若采购代理机构代理采购的，采购单位还要将采购合同副本送采购代理机构归档。在协议采购方式下,采购单位依据收到的协议通知采购供应商,与中标供应商签订采购合同,并对采购合同进行备案。

计划环节的关键点是:控制需求或采购计划的合理性,是否与单位发展目标协调,是否结合库存、交货(交工)或提供服务的时间要求科学、有序地安排计划,需求部门是否指定或变相指定供应商。

其主要管控措施:一是,需求部门应当根据职能、业务开展的实际需求尽可能准确、详尽地编制需求计划;二是,采购计划的制定应综合考虑单位的整体发展目标、年度工作计划和重大项目的实施要求;三是,采购计划应纳入采购预算管理,作为单位的刚性指令严格执行,不得随意变更或撤销。

(三)请购和审批流程与控制要点

有了预算计划以后,在具体实施采购行为之前,应当经过请购与审批程序,这是指相关部门或人员依据职责权限进行请购与审批的业务环节。

这一环节的关键点是:是否建立并实施了请购制度;请购是否经适当审批,是否存在越权审批。

其主要管控措施:一是,建立采购申请制度,依据采购商品、服务或工程的类型,确定归口管理部门统筹申请;二是,请购单应经具备相应审批权限的人员审核,审核时应重点关注请购内容是否准确、完整,是否符合采购计划,是否在采购预算范围内;三是,购置的资产是否符合配置标准;四是,重大的、技术性较强的采购业务是否经专家论证,是否实行集体决策审批;等等。

(四)采购执行流程与控制要点

采购执行是指按照法定的采购方式和相应程序实施采购,按照公平、公正和竞争的原则择优确定供应商,以最优性价比确定采购价格,依法签订采购合同,对管理供应过程进行实时跟踪的一系列业务环节。

这一环节的关键控制点在于是否按照法定要求选择采购方式、确定采购渠道,采购定价机制是否科学,定价方式是否恰当;是否未经授权对外订立采购合同,合同内容是否存在重大疏漏或欺诈,是否对采购合同履行情况进行了有效跟踪;等等。

其主要管控措施:一是,依照政府采购法、招投标法等相关规定合理确定采购方式，涉及节能、环保、安全生产的采购项目还应执行相关政策；二是，建立科学的供应商评估、准入和淘汰制度，建立供应商管理信息系统；三是，健全采购定价机制，采取公开招标、邀请招标、竞争性谈判，协议供货、询价采购等多种方式，科学合理地确定采购价格；四是，根据确定的供应商、采购内容、采购价格等拟定采购合同，准确描述合同条款，明确双方权利、义务和违约责任，按照规定的权限签署合同；五是，建立严格的采购合同跟踪制度，依据采购合同中确定的主要条款，跟踪合同履行情况，确保按质按时完成采购。

单位在政府采购内部管理制度中应当明确规定涉密政府采购项目的信息管理职责，要求工作人员未经允许不得向物资管理人员透露政府采购信息。单位应当对涉密采购项目严格履行安全保密审查程序，并与相关供应商或采购中介机构签订保密协议或者在合同中设定保密条款，强化供应商或采购中介机构的保密责任。

（五）验收流程与控制要点

验收是指验收部门或专人根据验收制度和采购文件核对采购的物品、工程或服务项目的数量，检验质量，出具验收证明的业务环节。对重大采购项目应当成立验收小组，由技术、法律、财会等方面的专家共同参与验收工作。

这一环节的关键点：验收标准是否明确，验收程序是否规范，对验收中存在的异常情况是否进行了处理。

其主要管控措施：一是，制定明确的采购验收标准；二是，严格按照不相容岗位相互分离的要求组织验收及入库；三是，验收时可要求供应商派人到现场，重点关注采购合同、发票等原始单据与采购项目的数量、质量、规格型号等核对一致，并签署验收证明，作为双方确定责任的依据；四是，对验收过程中发现的异常情况及时报告，查明原因并及时处理。

（六）付款流程与控制要点

付款是指财会部门审核采购预算、合同、单据、审批程序等，按合同办理款项的支付，进行账务处理的业务环节。

单位应当按照货币资金管理的有关规定办理采购付款业务；单位财务部门在办理付款业务时，应当对采购合同约定的付款条件、采购发票、检验报告、验收证明等相关资料的真实性、完整性和合法性进行严格审核；单位只有在完成内部必要的审核和批准程序后才能办理支付手续。

单位应当加强对采购业务的记录控制。采购业务涉及的相关资料主要包括采购预算与计划、各类批复文件、招标文件，投标文件、评标文件、合同文本、验收证明等，应当做好采购业务相关资料的收集整理工作，建立采购业务档案并按照国家规定的保管期限妥善保管，防止资料遗失、泄漏。参与采购的相关人员应当主动接受有关部门的监督检查，如实反映情况并提供有关材料。

这一环节的关键点：是否严格审查采购发票等票据；付款审核程序是否完备；付款方式是否恰当；是否有有效的预付账款和定金的配套管理。

其主要管控措施：一是，建立付款授权审批制度；二是，严格审查发票等票据的真实性、合法性和有效性；三是，根据国库支付管理、银行结算等规定合理选择付款方式；四是，建立预付账款和定金的管理制度，确保资金安全。

单位应当开展采购业务内部监督，通过建立内部监督制度，实现对内部控制活动的再控制与再评估。内部审计部门应定期或不定期对采购控制流程的执行情况进行监督检查，访谈内部控制流程中的相关人员，查阅相关业务凭证，形成对采购内部控制流程的评价，并指出其中存在的潜在控制风险。内审部门要将检查结果提交给单位负责人，便于改进内部控制执行过程中存在的问题，促进单位内部控制体系的完善，不断防范采购风险，全面提升采购效能。

四、采购控制制度与控制措施

（一）针对采购风险的应对措施

由于采购的业务流程较多，涉及政府、市场、供应商、中间商等方方面面，风险事故发生的概率较大，如市场风险、计划风险、合同风险、意外风险、违约风险、价格风险、数量风险、发票风险、质量风险、脱销风险、滞销风险、库存风险等，因此要予以防范。尤其是采购员暗箱操作、以次充好、舍贱求贵、弄虚作假、收受回扣、权钱交易等腐败现象更是采购风险防范的重中之重。

面对采购风险，应当积极应对，有针对性地做好各项风险防范控制，谨防失控。某单位针对采购预算计划管理和采购实施管理中存在的风险点，编制了主要防控措施，如表 2-2 和表 2-3 所示，可供参考。

表 2-2 采购预算与计划管理

流程	关键环节	风险点	主要防控措施	责任主体
采购预算计划管理	采购预算编制与审核	资产管理与预算编制缺乏沟通协调，采购活动与业务活动脱节，导致资金浪费或资产闲置	建立预算、采购和资产管理等部门或岗位之间的沟通协调机制，联合进行采购预算编制	采购预算编制部门、财会部门、业务部门
	采购计划编制	超预算指标编制采购计划，影响采购预算的执行效果	业务部门严格按照采购预算范围、数量、金额和要求等编制采购计划	业务部门
	采购计划审核	采购需求审批不严格，未按采购预算进行采购，影响采购预算的严肃性和政府采购效果，导致成本增加、积压浪费，甚至受骗上当等	①采购部门审核采购计划的合理性：采购计划是否列入预算，是否与业务计划和资产存量相适应，是否与资产配置标准相符合；②专业性设备附有相关技术部门的审核意见；③财会部门对采购计划是否在预算指标额度内进行审核	采购部门、财会部门
	采购计划审批		①合理设置采购计划的审批权限、程序和责任；②经审核的采购计划按照相应程序进行审批；③审批后采购计划下达给各业务部门作为办理采购业务的依据，不得私自更改	采购部门

表 2-3　采购活动（执行情况）管理

流程	关键环节	风险点	主要防控措施	责任主体
采购实施管理	业务部门采购的申请与审核	采购活动的开展不规范，未按规定选择采购方式，发布采购信息，化整为零或采用其他方式规避公共招标，甚至"暗箱操作"，以权谋私	①业务部门应当以批复的采购预算和计划提出政府采购申请；②业务部门负责人复核	业务部门
	采购部门审核		采购部门对业务部门的采购申请进行审核：①审核是否符合政府采购计划，采购成本是否在预算指标额度内，采购组织形式是否合规等；②对采购进口产品、变更采购方式等事项加强审批	采购管理部门
	采购信息发布		①在指定的政府采购信息发布媒体上发布；②对招标公告、邀请招标资格预审公告、中标公告等信息依法公开	采购管理部门、业务部门、外部采购中心
	采购项目验收		①根据政府采购组织形式的不同，确定验收方式；②组建验收小组；③出具验收证明；④财会部门根据验收证明办理款项支付	采购管理部门、财会部门

续　表

流程	关键环节	风险点	主要防控措施	责任主体
采购实施管理	投诉处理	投诉处理不及时、不规范，既不利于及时发现问题、发挥社会监督作用，又影响公信力	①专人负责投诉处理工作；②规定质疑答复工作的职责权限和工作流程；③答复中形成的各种文件由政府采购部门归档并保管；④投诉问题要进行定期梳理和报告，发现问题并改进工作	采购管理部门
	政府采购业务记录控制	采购档案管理不善、信息缺失，影响采购信息和财务信息的真实性、完整性	①建立采购业务工作档案；②定期分类统计政府采购信息；③内部通报预算执行情况、采购业务开展情况	采购管理部门
	涉密政府采购项目	涉密事项被泄密	与相关供应商或采购中介机构签订保密协议或者在合同中设立保密条款	采购管理部门
	涉密政府采购项目	涉密事项被泄密	与相关供应商或采购中介机构签订保密协议或者在合同中设立保密条款	采购管理部门

五、采购管理关键控制环节

（一）权力制约与岗位分离

资产管理部门通常是采购业务的归口管理部门，负责对本单位各类物资、服务及工程采购工作进行统筹、组织和管理，按照需求合理、程序规范的方式进行采购。各职能部门负责本部门各类物资采购、服务和工程采购的申请、论证工作。财务部门负责对采购金额、预算执行等环节进行审核。

采购业务控制的关键岗位包括：各职能部门的采购预算编制岗位，资产管理部门的采购审批岗位、招标文件起草岗位、招标合同复核岗位、合同签订岗位，商品和服务验收岗位、商品保管岗位、采购执行岗位；财务部门的采购付款岗位、会计记录岗位。

采购业务各环节的不相容岗位（职务）至少包括以下几项：①政府采购预算的编制与审定岗位；②政府采购需求的制定与内部审批岗位；③招标文件的准备与复核岗位；④采购合同的订立与审核岗位；⑤合同的签订与验收岗位；⑥验收与保管岗位；⑦付款审批与付款执行岗位；⑧采购执行与监督检查岗位；⑨采购、验收与相关记录岗位；等等。

一般情况下，单位采购组织体系应当包括采购业务决策机构、采购业务实施机构及采购业务监督机构三个层次。

单位可以成立采购领导小组，由分管财务工作的领导任组长，成员由采购归口管理部门、财务部门和相关业务部门的主要负责人共同组成，作为专门履行采购管理职能的决策机构。采购领导小组在采购管理组织体系中居于核心地位。

采购业务实施机构包括业务部门、采购归口部门（采购工作小组或称"采购办"）、财务部门等。单位外部则涉及财政部门采购代理机构（采购中心）和供应商等。

按照采购决策、执行与监督相互分离的原则，采购业务监督机构通常为内部审计部门、监督检查业务部门和采购部门，须执行政府采购法律法规和相关规定，参与采购业务投诉答复的处理，受理供应商提出的回避申请，并按照回避制度对相关人员进行审核。在采购业务方面，单位还应当积极发挥纪检监察部门的监督作用。

采购业务中的"三权"分离控制（如表2-4所示）对于防范采购风险不可或缺。

表2-4 采购控制"三权"分配表

"三权"分配		决策权	执行权	监督权
采购控制	单位领导	审批资产使用申请、资产处置申请、资产使用变更方案，重大资产使用应集体决议		上级对下级的日常审查、督导与审计监督
	资产管理人员		建立本部门资产使用管理制度，负责资产的日常管理工作；组织定期清查盘点；建立资产登记档案；按规定报送资产统计报告	
	业务部门		提出资产使用申请、资产处置申请、资产使用联更申请；资产使用与维护；定期报告资产使用状况	
	审计部门、纪检部门			定期或不定期检查资产对外投资、出租、出借等情况，评价资产的使用效率、效果；对未按规定进行资产决策和使用者问责

（二）健全回避制度与问责制度

回避制度是防止国家公务人员利用职权徇私而对其任职和执行公务有所限制的人事行政制度。例如，法律制度要求对与本案有利害关系或其他关系的司法人员不参与该案的侦查、审判等活动。

政府采购实行回避制度，凡参与政府采购的人员与投标供应商有利害关系的，均应回避，不得参加该项政府采购工作。

采购人员及相关人员与供应商有下列利害关系之一的，在政府采购活动中应当回避：①参加采购活动前3年内与供应商存在劳动关系。②参加采购活动前3年内担任供应商的董事、监事。③参加采购活动前3年内是供应商的控股股东或者实际控制人。④与供应商的法定代表人或者负责人有夫妻、直系血亲、三代以内旁系血亲或者近姻亲关系。⑤与供应商有其他可能影响政府采购活动公平、公正进行的关系。

供应商认为采购人员及相关人员与其他供应商有利害关系的，可以向采购人员或者采购代理机构书面提出回避申请，并说明理由。采购人员或者采购代理机构应当及时询问被申请回避人员，有利害关系的被申请回避人员应当回避。

政府采购过程中有如下情形之一的，还应当问责：①属于政府采购范围的项目，不依法试行政府采购的。②属于集中采购目录的项目不委托集中采购机构或委托不具备政府采购代理资格的中介机构办理的。③属于公开招标或废标的项目，未经财政部门批准擅自改变采购方式的。④在公开招标、竞争性谈判、询价方式采购中，不按照规定程序开展采购活动，指定或变相指定供应商，非法干预，影响评审活动，以及改变评审结果的。⑤无正当理由不在规定期限内确认招标、竞争性谈判、询价结果并与中标和成交供应商签订政府采购合同的。⑥无正当理由不履行政府采购合同的。

（三）申请采购方式变更的控制

关注采购方式的变更主要是为了谨防利用变更行为舞弊，从而造成采购失控。采购单位将一个预算项目下的同一品目或者类别的货物、服务及工程进行拆分、多次采购，累计资金数额超过公开招标数额标准的，属于以化整为零方式规避公开招标。任何单位不得将应该以公开招标方式采购的项目化整为零或者以其他任何形式规避公开招标采购。

凡是达到公开招标数额的货物采购，未经公开招标而需要变更采购方式的，由资产管理部门会同财务部门提出采购变更方式意见，上报资产管理部门、分管财务的单位领导审批。经单位领导审批，由财务部门上报财政主管部门批准后会同资产管理部门实施采购。

凡是达到公开招标数额标准的货物采购项目，如公开招标发生流标后申请变更采购方式，由资产管理部门会同财务部门组织从政府采购专家库中抽取相关专家组，请专家对招标文件进行评审，审核是否有不合理条款；经专家评审，由资产管理部门和财务部门报分管单位领导审核同意后，由财务部门将采购方式调整意见上报财政主管部门审批；经财政主管部门审批后，由财务部门按审批同意后的采购方式组织实施采购。

若公开招标发生废标，则由资产管理部门会同财务部门根据专家评审意见，将采购方式调整申请上报资产管理部门及财务部门的分管领导审批，并报财政主管部门审批。经财政主管部门审批同意后，由资产管理部门组织实施采购。

第五节　资产业务控制

在资产分类管理的基础上，明确资产业务管理流程，健全资产内部管理责任制，谨防各项资产的流失与损失。

一、资产管理与风险评估

（一）资产业务与资产管理

资产是单位开展业务活动的物质基础。任何单位都应当结合自身业务特点，对资产实行分类管理和过程管理，明确相关部门和岗位的职责权限，强化对资产配置、使用和处置等关键环节的管控。

资产管理信息系统是指财政部门根据资产管理流程，制定资产管理信息系统相关制度、推进系统建设、强化系统使用、管控系统风险，实现对国有资产全过程动态监管的信息化管理平台，包括资产卡片管理、资产配置管理、资产使用管理、资产处置管理、产权登记管理、资产清查核实、资产收益管理、资产报表管理和查询分析等功能。

从资产采购开始到资产信息系统管理贯穿于单位经营活动的全过程,如图2-11 所示。

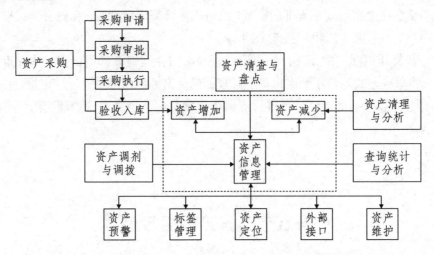

图 2-11　资产控制内容与资产信息系统

任何占用资产的单位都应当在全面梳理资产管理流程的基础上,全面查找资产管理漏洞,防范失控,确保各项资产管理处于不断优化的状态。

单位应按照"统一领导、归口管理、分级负责、责任到人"的原则,通过单位资产系统,确保资产的日常管理工作责任落实到管理部门和具体使用人,并通过单位资产系统完成资产配置、验收入库、分配、保管、维修、转移、归还、盘点和处置等日常管理工作。

资产管理应至少关注主要流程、关键环节、主要风险点与控制重点,包括是否实现资产归口管理并明确使用责任;是否定期清查盘点,对账实不符的情况及时进行处理;是否按照规定处置资产;等等。如果发生对外投资业务,应当予以特别关注。

（二）资产风险与应对措施

加强对各项资产的日常管控是十分重要的。尤其是货币资产,其流动性强、增减变动频繁、舞弊风险较高,应当严加控制,不可懈怠。近年来,个别财务人员由于法治观念淡薄、私心膨胀、滥用职权，再加上缺乏有效的法制教育和必要的内部控制制约，导致触犯法律而自毁前程。

虽然各单位资产的分布状况、使用情况、利用效率等不尽相同，但由于货币资产、实物资产和无形资产占资产总额的比重较大，对外投资存在较高风险，因此，这些资产一直都是控制的关注点。某单位为此设计了3张相关风险点及其控制措施的表（如表2-5、表2-6和表2-7所示），并配有相关的关键环节、相关风险点、主要防控措施和责任主体。

表2-5　货币资产风险点及主要防控措施

流程	关键环节	风险点	主要防控措施	责任主体
货币资产管理	建立健全货币资产岗位责任制	岗位不健全，不相容岗位未实现有效分离，容易出现财会人员舞弊的可能	①不相容岗位相互分离，未经授权的部门和人员不得办理货币资金业务或接触货币 ②出纳人员不得担任稽核、会计档案保管和收入、支出、费用、债权、债务账目的登记工作；出纳不得由临时人员担任 ③财务专用章由专人保管，个人名章由本人或其授权人员保管，负责保管印章的人员配备单独的保险柜等保管设备 ④按照规定由有关负责人签字或盖章的，履行签字或盖章手续	财会部门
	银行账户管理	银行账户管理不善，多头开户，不及时销户，为违规转移、隐匿单位资金提供便利	①银行账户由财务部门统一集中管理，严格按照规定的审批权限和程序开立、变更和撤销银行账户 ②对已开立未使用或长期不用的账户及时销户，对已销户的银行账户应向银行核实销户情况，确保销户已得到执行 ③银行预留印鉴由不同人员分开保管，严禁一人保管所有预留印鉴 ④防范网上支付的风险	财会部门

流程	关键环节	风险点	主要防控措施	责任主体
货币资产管理	货币资金核查控制	资金清查制度不完善，可能导致资金丢失和会计人员舞弊风险	①建立现金清查制度，指定不办理货币资金业务的人员定期或不定期地抽查、盘点库存现金 ②加强银行对账管理，指定不办理货币资金业务的会计人员核对银行存款余额，抽查银行对账单、银行日记账及银行存款余额调节表，核对是否账账相符、账实相符 ③出具资金核查报告，对发现的问题及时分析和整改，堵塞管理漏洞	财会部门
	债权管理	债权长期挂账，形成呆账、坏账损失	①建立有效的债权清理机制 ②定期核查债权信息，及时追索和清算 ③对临近诉讼时效的债权信息及时办理诉讼时效保全手续 ④对已经发生或可能发生的呆账、坏账及时通报并提出处置方案 ⑤对已核销的坏账，单位仍然保留追索权，应单独设置备查账	财会部门

表 2-6　实物资产和无形资产风险点及主要防控措施

流程	关键环节	风险点	主要防控措施	责任主体
实物资产和无形资产管理	资产配置	超标准配置资产，造成资产损失浪费；资产配置不合理，影响工作运行	①资产预算编制参见预算业务预算编制控制 ②资产购置参见政府采购业务活动控制 ③资金支付参见收支业务控制	预算编制部门、资产需求部门、采购部门、财会部门

流程	关键环节	风险点	主要防控措施	责任主体
实物资产和无形资产管理	资产使用	资产保管不善、维护不当造成资产毁损浪费，缺乏资产有效记录和清查盘点制度，产生账外资产、资产流失、资产信息失真、账实不符等问题	①资产管理部门建立并使用资产信息管理系统对资产进行管理 ②规定资产使用人在资产管理中的责任，对贵重资产、危险资产、有保密特殊要求的资产指定专人保管 ③建立资产清查盘点制度，资产管理部门、财会部门和资产使用部门定期对资产进行账实核对，出具资产清查报告，报经资产管理部门审批 ④及时做好资产统计、报告、分析工作，并进行资产信息的内部公开 ⑤做好固定资产日常保养、维修和维护工作，维修、维护应履行申报审批手续，严格控制支出 ⑥按照国有资产管理的相关规定，明确固定资产调剂、租借、对外投资以及处置的程序、审批权限和责任	资产使用部门及人员、资产管理部门
	资产收益管理	资产收益未及时收取，导致单位利益受损	①资产收益参见收入业务控制 ②资产对外签订合同参照合同控制 ③收益管理参见对外投资业务控制	资产归口管理部门、财会部门
	资产处置	资产处置没有严格执行审批程序，未按照国家有关规定执行，有关人员徇私舞弊，可能导致资产流失、单位利益受损	①对重大资产处置，建立集体议事决策机制 ②对资产的调剂、出租、出借、对外投资、处置等制定管理制度，明确处置程序和审批权限 ③重大资产处置需要按规定进行资产评估或技术审核 ④资产处置收益按照国家规定上缴或管理 ⑤资产管理部门对处置的资产，及时记录并提交财会部门进行账务处理	资产管理部门、相关审批权限负责人、财会部门

表 2-7　对外投资风险点及主要防控措施

流程	关键环节	风险点	主要防控措施	责任主体
对外投资管理	对外投资决策	未按国家规定进行对外投资，对外投资决策程序不当，未经集体决策，缺乏充分可行性论证，导致投资失败	①对外投资要进行可行性论证和集体决策 ②重大对外投资实行专家评审制度 ③对外投资必须按照管理权限履行审批手续 ④主管部门详细记录投资决策过程、各方面意见，与可行性论证报告等资料一起交由资产管理部门归档保管，以便落实投资决策责任	单位负责人
	对外投资追踪管理	对投资业务缺乏有效追踪管理，未能及时根据外部环境变化调整投资策略或收回投资，造成投资损失和资产流失	①确定投资方案后，财会部门编制投资计划，按照投资计划进行对外投资 ②投资签订合同的按照合同控制进行管理 ③资产管理部门及时了解被投资单位情况，进行动态监控 ④主管部门加强对投资收益的会计核算和对外投资资料的归档管理 ⑤建立责任追究制度，对于对外投资出现重大决策失误，未履行集体决策程序和不按规定执行对外投资业务的部门及人员进行责任追究	单位负责人、资产管理部门、财会部门

二、资产控制的具体目标

资产控制的具体业务目标是为保证单位的资产安全，提高资产使用效率，从而改善公共服务的效果。

单位应当对资产实行分类管理，建立健全各类资产的内部管理制度。分类管理属于公共部门资产控制的基本原则，也是单位实施资产控制的重要方法之一。

从类型上来分，公共部门的资产主要分为货币资金、实物资产、对外投资等，个别单位还存在无形资产和其他资产。不同类型的资产具有不同的存在形态和特点，相应的控制目标也不尽相同（如表 2-8 所示）。

表 2-8　资产控制的具体目标

资产环节	具体控制目标	目标属性
货币资金管理	①确保资金安全、完整，避免资金被盗窃、贪污和挪用 ②确保账实相符，不存在白条抵库、私设"小金库"等情况 ③确保"收支两条线"，不得"坐支"现金 ④确保资金运转有效，不存在流动性风险，提高资金的使用效率 ⑤确保银行账户的开立和管理符合国家法律法规的规定 ⑥确保相关印章的保管和票据管理符合规定 ⑦确保库存现金、银行对账单、余额调节表等账实相符，账账相符	合法性、完整性、准确性、保密性
实物资产（无形资产）管理	①对资产实施归口管理，落实资产使用人和保管责任人在资产管理中的责任 ②按照国有资产管理的相关规定，明确资产的调剂、租借、对外投资、处置程序、审批权限和责任 ③建立资产台账，加强资产的实物管理 ④建立资产信息管理系统，做好资产的统计、报告、分析工作，实现对资产的动态管理 ⑤坚持"谁使用、谁保管、谁负责"的原则，定期清点、盘点，做到账实相符，防止资产流失 ⑥合理配置和有效利用资产，避免资产闲置或浪费，提高资产使用效率	合法性、合理性、有效性、完整性
对外投资管理	加强事前、事中、事后投资行为的控制，保证对外投资经过科学的论证，投资项目过程中有一定的跟踪和监督，投资事后有责任追究	合法性、准确性、有效性

三、货币资产控制措施

（一）货币资金控制的目标

相信对于许多人来说，货币资金不是一个陌生的概念，无论是在何种单位，货币资金的管理都是重大问题。有效控制货币资金和往来资金，对于事业单位来说也尤为重要。事业单位需要通过多种合规且可行的方式筹集事业发展所需的资金，也需要加强对资金的使用管理，确保资金使用合法、合规、合理、有效。一般来说，事业单位的货币资金，除了现金、银行存款、其他货币资金外，还包括财政拨款收入和零余额账户用款额度等区别于企业的资金，因此也应等同常规的货币资金进行管理。

事业单位货币资金的控制，首先应确保资金的使用符合国家法律法规的有关规定，确保资金使用的合法性和合规性；其次，应注意货币资金的安全，避免出现被非法挪用、盗窃的情况；再次，应做好货币资金往来和使用的登记，做好资金的会计核算。

做好货币资金的内部控制，有利于防范资金收支风险，维护资金安全。资金收付贯穿丁事业活动全过程，单位内部各部门、单位外部相关单位和个人都直接或间接参与其中。其中任何一个环节、任何一个机构和个人出现差错，都可能危及资金安全、影响业务活动。加强货币资金及往来资金的内部控制，有利于及时发现问题，防范并化解有关风险。加强货币资金和往来资金的管理，还有助于促进资金的合理使用，规范单位业务收支，推动事业单位可持续发展。

（二）货币资金控制的主要内容

1. 审批控制

把收支审批点作为关键点，是为了控制资金的流入和流出，审批权限的合理划分是资金合理合法收支的前提条件。审批活动的关键点包括：制定资金的限制接近措施，经办人员进行业务活动时应该得到授权审批，任何未经授权的人员不得办理资金收支业务；使用资金的部门应提出用款申请，记载用途、金额、时间等事项；经办人员在原始凭证上签章；经办部门负责人、主管领导和财务部门负责人审批并签章。

2. 复核控制

复核控制是减少错误和舞弊的重要措施，根据单位内部层级的隶属关系可以划分为纵向复核和横向复核这两种类型。前者是指上级主管对下级活动的复核；后者是指平级或无上下级关系人员的相互核对，如财务系统内部的核对。复核关键点包括：会计主管审查原始凭证反映的收支业务是否真实合法，经审核通过并签字盖章后才能填制原始凭证；凭证上的主管、审核、出纳和制单等印章是否齐全。

3. 收付控制

资金的收付反映业务活动中资金的来龙去脉。该控制点包括：出纳人员按照审核后的原始凭证收付款，并对已完成收付的凭证加盖戳记，并登记日记账；主管会计人员及时、准确地记录在相关账簿中，定期与出纳人员的日记账核对。

4. 记账控制

资金的凭证和账簿是反映资金收付的信息源，如果记账环节出现管理漏洞，很容易导致整个会计信息处理结果失真。出纳人员应根据资金收付凭证登记日记账，会计人员根据相关凭证登记有关明细分类账；主管会计登记总分类账。

5. 对账控制

对账是账簿记录系统的最后一个环节，也是报表生成前的一个环节，对保证会计信息的真实性起到重要作用。对账控制包括：账证核对、账账核对、账表核对、账实核对等。

6. 银行账户管理控制

单位应当严格按照《支付结算办法》等国家有关规定，加强银行账户的管理，严格按规定开立账户，办理存款、取款和结算。重点关注银行账户的开立、使用和撤销是否有授权，下属单位或机构是否有账外账等。

7. 票据与印章管理

印章是明确责任、表明业务执行及完成情况的标记。印章的保管要贯彻不相容职务分离的原则，严禁将办理资金支付业务的相关印章和票据集中一人保管，印章要与空白票据分管，财务专用章要与企业法人章分管。

8. 货币资金岗位控制

由于货币资金的特殊性，需要单位内部明确与货币资金管理相关的各岗位的具体工作内容、权限范围及责任，从而确保机构的设置和人员的配备更加合理高效，资金的使用更加安全和有效。正常情况下，单位应实施资金集中管理，财务部门设置专门的资金收付岗位，会计核算岗位与资金收付岗位的职责和权限进行严格划分，避免出现货币资金相关的业务都由同一个人进行操作的情况，通过不相容岗位相分离减少发生舞弊的可能性。具体在进行岗位的设计与分工时，应该注意：出纳不得兼管稽核，会计档案保管收入、支出、债权、债务账目的登记工作；严禁一人保管收付款项所需的全部印章；财务专用章应当由专人保管，个人名章应当由本人或其授权人员保管；负责保管印章的人员要配备单独的保管设备，并做到人走柜锁；按规定由有关负责人签字或盖章的，应当严格履行签字或盖章手续。

（三）货币资产的主要风险点

货币资产是指单位拥有的现金、银行存款，零余额账户用款额度等，是流动性最强的流动资产，也是风险较高的资产。

货币资产业务控制的关键岗位：单位主要领导，分管财务的主管领导；财务部门负责人，财务部门的会计岗位，出纳岗位；各职能部门主要负责人和发生货币业务的工作人员。

货币资产的主要控制环节：资金支付申请、支付审批和支付复核。

货币资产业务的主要表单：付款申请表、货币资金盘点表和银行对账单等。

货币资产管理的主要风险点如下：①未建立健全货币资金管理制度和岗位责任制，对相关岗位任职资格、轮岗、具体业务办理等内容缺乏书面规定，可能滋生舞弊或造成货币资金管理效率低下。②会计部门未实现不相容岗位相互分离，出纳人员既办理资金支付又经管账务处理，由一个人保管收付款项所需的全部印章，存在货币资金被贪污挪用的风险。③对资金支付申请未严格把关，支付申请缺乏必要的审批手续，大额资金支付未实行集体决策和审批，存在资金被非法套取或者被挪用的风险。④未按照有关规定加强银行账户管理，出租、出借账户，存在单位违法违规或者利益受损的风险。⑤未建立健全票据管理程序和责任制度，对各类票据的申领、启用、核销、销毁缺乏明确的规定，未建立票据管理台账，可能导致票据管理混乱。⑥未设置专人对票据进行登记管理，可能导致票据丢失，相关人员发生错误或舞弊的风险，造成资金损失。⑦货币资金的核查控制不严，未建立定期、不定期抽查核对库存现金和银行存款余额的制度，存在货币资金被贪污挪用的风险；等等。

（四）现金收支控制流程与控制要点

完整的现金收支控制流程应当包含如图 2-12 所示的 14 个控制点。

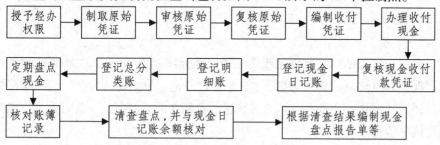

图 2-12　现金收付控制流程

不同单位的现金收付流程可能略有差异，但以下八个重要控制点应当作为现金收支控制的要点，不可马虎。

1. 审批

业务经办人员办理现金收支业务，必须得到一般授权或特殊授权。经办人员须在反映经济业务的原始凭证上签章；经办部门负责人审核原始凭证，并签字盖章。审查原始凭证，可以保证现金收支业务按照授权进行，增强经办人员和负责人员的责任感，保证现金收付的真实性和合法性，避免乱收乱支，假收假支及现金舞弊等问题的发生。

2. 审核

会计主管人员或其指定人员审查现金收支原始凭证，主要审核原始凭证反映的现金收支业务是否真实、合法，原始凭证的填制是否符合要求；审核无误后，方可签章批准办理现金收付记账凭证。审核原始凭证，可以保证现金收支凭证真实、合法，提供正确的现金支付和核算依据，保证出纳人员支付现金正确、合法。

3. 收付

出纳人员复核现金收支记账凭证及所附原始凭证；按照凭证所列数额收付现金，并在凭证上加盖"收讫"或"付讫"戳记及私章。出纳人员收到现金后应当面清点，及时入账。例如，收到的款项属于往来款项，办公室应开具往来结算票据；属于"八项收入"的款项，办公室应开具《非税收入一般缴款书》，将收入及时上缴国库。不得截留、挪用、私分应缴财政的收入，严禁私设"小金库"、账外账。

4. 复核

稽核人员审核现金收支记账凭证及所附原始凭证，并签字盖章。复核记账凭证，可以保证现金收支业务的正确性和会计核算的真实性，防止记账失实，及时纠正收付错误。

5. 记账

出纳人员根据现金收付记账凭证登记现金日记账，记账人员根据收付凭证登记现金对应科目的相关明细账，总账会计登记总分类账。分工登记现金账簿可以保证现金收支业务有据可查，并保证各账之间相互制约，及时提供准确的现金核算信息。

6. 核对

稽核人员或其他非记账人员核对现金日记账和有关明细账、总分类账，并签字盖章；如有误差，报批准后予以处理。稽核人员核对现金记录有助于现金核算信息正确和现金实物安全、完整。

7. 清点

出纳人员每日清点库存现金，并与日记账余额相核对；发现现金短缺或溢余，应及时查明原因，报经审批后予以处理。每天清点现金，能够防止现金丢失和收支、记账发生差错，经常保持账实相符。

8. 清查

财务部门应不定期地对库存现金进行抽查，主管会计应经常与出纳人员核对库存现金情况。每个季度财务负责人至少与主管会计抽查一次库存现金，对差异进行分析，形成库存现金盘点报告，提出改进意见，以书面形式呈报财务经理。清查时，须有出纳人员在场，核对账实；根据清查结果编制现金盘点报告单，填制账存与实存的符合情况；如有误差，须报批准后予以调整处理。通过清查，有利于加强对出纳工作的监督，防止贪污盗窃和挪用现金等问题的发生。

在上述现金控制流程中，"业务审批""财务稽核"和"清查盘点"最为关键。由业务部门进行的原始凭证审批可以保证经济业务的真实性、合理性和合法性；由稽核人员实施核对控制可以保证现金收付核算的正确性，这是及时发现现金收付和现金账务记录错误的主要环节,对于保证核算工作质量十分重要;由清查人员进行的库存现金清查盘点可以确保现金安全、完整,是保护现金安全的最后一环。三个关键控制点不可或缺。

（五）银行存款控制流程与控制要点

一个完整的银行存款控制流程应当包含如图 2-13 所示的 16 个控制点。

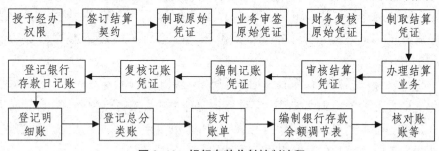

图 2-13　银行存款收付控制流程

由于银行存款结算方式不同等原因,不同单位银行存款收支流程和业务环节略有差别,但对以下控制要点不能懈怠。

1. 审批

业务人员办理有关银行存款事项或经办有关业务须核实原始凭证内容并签章,交业务部门负责人审核并签章;超出业务部门权限规定的银行存款收支业务,须报上级主管部门审批并签章。审批银行存款收支业务可以保证业务办理的正确性和合法性,加强经办人员的责任感,避免违纪违规情况的发生。

2. 审核

会计主管人员或指定人员审核原始凭证和结算凭证,签章同意办理银行存款结算。审核原始凭证可以检查经济业务是否合理、合法,保证银行存款结算正确、有效;审核结算凭证可以检查银行存款结算是否正确,保证存款安全、核算正确。

3. 结算

出纳人员根据审签的凭证或按照授权办理银行存款收付业务;出纳人员办理结算前,复核原始凭证及有关合同文本;按不同的结算方式填制结算凭证或取得结算凭证;结算凭证应加盖财务专用章和出纳人员私章;财务专用章、签发支票印鉴和财务负责人印鉴应由主管会计和出纳人员分别保管;转账支票和结算凭证必须按编号顺序连续使用；作废的转账支票应加盖"作废"戳记；收付款项后应在凭证上加盖"收讫"或"付讫"戳记；非出纳人员不得经管银行存款业务。应有效监督银行存款的各项收付工作，防止套取存款、出借账户和转让支票等舞弊行为的发生。

4. 复核

稽核人员审核银行存款收付记账凭证是否附有原始凭证及结算凭证，结算金额是否一致，记账科目是否正确，有关人员是否签章等，审核无误后签字盖章。复核记账凭证可以发现银行存款收付错误和记账凭证编制差错，保证核算正确无误。

5. 记账

出纳人员根据银行存款收付记账凭证登记银行存款日记账，会计人员根据收付凭证登记相关明细账，总账会计登记总分类账、银行存款科目，各记账人员在记账凭证上签章。登记银行存款账可以保证银行存款收支业务的可查性，防止或发现结算弊端，及时提供可靠的银行存款核算信息。

6. 核对

稽核人员或其他非记账人员核对银行存款日记账和有关明细账、总分类账，如有误差，报经批准后予以处理；核对人员签字盖章。核对银行存款账簿可以及时发现银行存款核算错误及记账失误，保证账账相符和记录正确。

7. 对账

由非出纳人员逐笔核对银行存款日记账和银行对账单，并编制银行存款余额调节表，调整未达账项。出纳人员一般不得同时从事银行对账单的获取、银行存款余额调节表的编制等工作；确实需要出纳人员办理上述业务的，应当指定其他人员定期进行审核、监督。核对账单可以及时发现单位或银行记账差错，防止银行存款非法行为的发生，保证银行存款真实和货款结算及时。

在以上控制要点中，"业务审批""财务稽核"和"对账审核"至关重要。对于这三个关键控制点必须严格把控，千万不能掉以轻心。

实行网上交易、电子支付等方式办理资金支付业务的单位，应当与承办银行签订网上银行操作协议，明确双方在资金安全方面的责任与义务、交易范围等。操作人员应当根据操作授权和密码进行规范操作，并强化职务分离牵制。切记：使用网上交易、电子支付方式的单位办理资金支付业务，不因支付方式的改变而随意简化、变更货币资金控制所必需的授权批准程序。

单位在日常管理中要注意建立会计人员按时对账责任制,对每月发生的单位、银行往来账项进行核对,坚持做到日清月结,对未达账项要建立台账,注明原因。单位应把做好银企对账工作作为强化内部控制管理的一项重要措施,落实责任,做到按时对账,及时对账,把一切隐患消灭在萌芽状态。

单位应当建立岗位责任追究制。无论是单位的出纳人员,还是财务主管、主管领导,都要实行岗位责任制。对工作不负责任,图省事、走过场的直接责任人和负领导责任的人员,要进行经济、行政处罚;对失职、渎职造成严重经济损失的人员,要追究其法律责任,以确保银企之间账账相符、资金安全完整。

（六）票据业务控制流程与控制要点

票据是办理货币资金结算最常见的工具,其中,财政票据是指单位依法征收政府非税收入或者从事有关财务活动向公民、法人及其他组织开具的凭证。

单位的出纳人员负责票据业务的日常管理,财务部门负责人负责票据业务的审核。

票据控制的具体目标就是确保票据的保管、使用、核销等符合国家有关法律法规的规定,确保票据的安全,避免票据遗失、被盗、挪用。

票据控制的具体流程如图 2-14 所示。

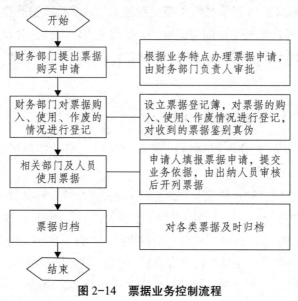

图 2-14　票据业务控制流程

在上述票据管理流程中，以下几个控制要点值得重视：

一是，财务部门应当根据实际需要，分别向财政票据管理部门和银行提出票据购买申请。除支票、往来结算票据以外的其他票据，按实际需要购买。财政票据管理部门或银行审核相关材料，按规定出售相关票据。财务部门在取得票据后应妥善保管并及时登记入库。

二是，财务部门应当设立专门的登记簿用以记录支票及往来结算票据的购入、使用、作废等情况。各类票据应当按照序号使用，不得拆本使用，做好废旧票据管理。不得违反规定转让、出借、代开、买卖票据，不得擅自扩大票据的适用范围。对收取的重要票据应留有复印件并妥善保管，不得跳号开具票据，不得随意开具印章齐全的空白支票。

三是，单位应重点检查是否存在办理付款业务所需的全部印章交由一人保管的现象，各种票据的购买、领用、保管手续是否健全，票据保管是否存在漏洞等。

四是，应当加强与资金相关票据的控制，明确各种票据的购买、保管、领用、背书转让、注销等环节的职责权限和处理程序，防止空白票据遗失和被盗用。单位因填写错误、开具失误或者其他原因而导致作废的法定票据应当按规定予以保存，不得随意处置或销毁。对已使用和作废的往来结算票据在使用完毕后，应填写相关的收费票据购买核销审核表，向财政票据管理部门办理核销手续。作废的银行票据不得随意销毁，应按相关规定归档。对超过法定保管期限、可以销毁的票据，在履行审批手续后销毁，但应当建立销毁清册并由授权人员监销。

（七）货币资金控制的重要措施

绝大多数单位十分重视对货币资金的管控，不少控制措施值得借鉴与分享。

一是，建立健全货币资金管理岗位责任制，明确财务部门和相关岗位的职责权限，形成相互分离、相互制约和相互监督的机制。例如，行政事业单位货币资金控制主要在财务部门内部进行，设置出纳、会计、稽核、财务部门负责人、单位分管领导等岗位，在某些行政事业单位，还包括具有收款职能的业务部门。

二是，严格出纳责任制，对不相容职务进行分离。出纳人员必须根据经过审签的记账凭证收支现金，不能直接根据原始凭证办理现金结算；出纳人员不能编制收付记账凭证，不能兼管收入、费用、债权、债务账簿的登记，以及稽核和会计档案保管工作；现金支票、印鉴不能全部由出纳人员保管；非出纳人员不能兼任现金管理工作；等等。加强现金收付控制是保证现金实物安全、完整的主要环节，对于明确现金收付责任，防止贪污、挪用、私存现金，以及重付、漏收现金等具有重要作用。

三是，加强对出纳人员的管理。出纳人员应当具备会计从业资格，出纳岗位不得由临时人员担任。

四是，加强印章管理，确保印章的保管符合相关规定。银行印章应由财务部门出纳人员以外的专人保管，财务专用章由专人保管，个人名章由本人或其授权人员保管，严禁一人保管收付款项所需的全部印章。负责保管印章的人员要配置单独的保管设备，并做到人走柜锁。

五是，建立授权审批制度。按照规定应当由相关负责人签字或盖章的，应当严格履行签字或盖章手续。经办人应当在职责范围内，按照审批人的批准意见办理货币资金业务。对于审批人超越授权范围审批的货币资金业务，经办人有权拒绝办理。使用电子支付方式的单位办理货币资金支付业务，不应因支付方式的改变而随意简化、变更支付货币资金所需的授权批准程序。单位在严格实行电子支付操作、人员不相容岗位相互分离控制的同时，应当配备专人对支付行为进行审核。财政国库集中支付有特殊规定的，按照其规定执行。

六是，按照规定的程序办理货币资金支付业务。第一步是支付申请：单位有关部门或个人用款时，应当提前提交货币资金支付申请，注明款项的用途、金额、预算、支付方式等内容，并附有效原始单据或相关证明。第二步是支付审批：审批人根据其职责、权限和相应程序对支付申请进行审批；对不符合规定的货币资金支付申请，审批人应当拒绝批准，如金额重大的，还应及时报告有关部门。第三步是支付复核：单位可根据需要，安排财务人员在审批前先对支付申请进行初步审核，再按规定审批。复核人应当对批准后的货币资金支付申请进行复核，复核无误后交给出纳人员办理支付手续。单位不得因审批前已进行初步审核而免除复核程序。第四步是办理支付：出纳人员应当根据经审批、复核无误的支付申请，按规定办理货币资金支付手续，及时登记现金和银行存款日记账。

四、实物资产控制措施

事业单位的实物资产是指由事业单位占有、使用的，在法律上确认为国家所有，能以货币计量的各种固定资产、物料用品、专用设备、一般设备、文物和陈列品、图书、办公用品和低值易耗品等。它包括事业单位使用国家财政性资金形成的资产、国家拨给事业单位的资产、事业单位按照国家政策规定运用国有资产组织收入形成的资产，以及接受捐赠和其他经法律确认为国家所有的资产。

对于种类和来源十分繁杂的实物资产，事业单位应当明确实物资产的取得依据，明确其决策和审批流程，并且在此基础上，对实物资产的取得、验收、领用、盘点、处置等流程进行明确的控制，制定相关的流程和标准，从而保障实物资产的安全性和完整性。此外，对于实物资产的购置预算、供应商的选择、内部调剂、维护保养等重要事项，也应明确相关的程序和规定，对于实物资产所涉及的各个环节进行实时监控，从而避免造成实物资产的流失和浪费。

（一）实物资产的主要风险点

实物资产是单位使用的有形资产，主要包括存货和固定资产。事业单位应当采用先进的管理技术和方法，规范实物资产的管理流程，明确取得、验收入库、仓储保管、领用发出、盘点处置等环节的管理要求，充分利用信息系统，强化会计、出入库等相关记录，确保存货管理全过程的风险得到有效控制。

事业单位应当建立实物资产管理岗位责任制，明确内部相关部门和岗位的职责权限，切实作到不相容岗位相互分离、制约和监督。单位内部除存货管理、监督部门及仓储人员外，其他部门和人员接触存货，应当经过相关部门的特别授权。

实物资产的主要控制环节包括资产配置预算、实物资产管理、资产验收入库、实物资产领用、实物资产日常保管维护、实物资产处置和实物资产清查盘点。

实物资产业务的主要表单包括物资领用申请表、资产处置申请表和资产盘点表等。

实物资产管理的主要风险点如下：①未建立健全物资保管、领用审批、登记记录、盘点清查等专项制度，资产管理职责不清，无明确归口管理部门，未明确资产的使用和保管责任，可能导致资产毁损、流失或被盗的风险。②未建立物资的领用审批和接触限制控制，大批物资和属于贵重物品、危险品或需保密的物资未单独制定管理制度,物资保管与领用控制管理不善,可能滋生舞弊、造成资产损失。③未按照国有资产管理的相关规定办理资产的调剂、租借、对外投资、处置等业务,可能导致资产配备超标、资源浪费、资产流失、投资损失等风险。④资产管理不严,没有建立资产台账和定期盘点制度,可能导致资产流失、资产信息失真、账实不符等风险。⑤未建立健全固定资产(无形资产)管理岗位责任制,相关部门和岗位权责不清,对固定资产(无形资产)的验收、使用、保管和处置等环节缺乏明晰的规定,可能导致账实不符、资产管理效率低下或资产损失;等等。

（二）存货业务控制流程与控制要点

存货是日常使用或消耗的物资、物料。完整的存货业务控制流程包括存货采购、存货验收、存货保管、存货领用、存货盘点等环节。

1. 存货采购环节

各职能部门根据预算批复,提交存货购置申请,经本部门负责人审核后交予资产管理部门;资产管理部门根据各职能部门的申请,编制存货综合采购计划,经部门负责人审批,报财务部门的进行经费审核;属于重大采购的,应由单位分管领导审核。经审核后,由资产管理部门采购,应由政府采购的,按照政府采购流程处理;应签订合同的,按照合同业务流程处理。

单位业务活动涉及存货的类别可能较多,其中符合政府采购要求的,需要按照政府采购流程执行;可以自行采购的,职能部门自行采购后,按照付款和报销流程处理。

2. 存货验收环节

单位应当重视存货验收工作,规范存货验收程序和方法,对入库存货的数量、质量、技术规格等进行查验,验收无误后方可入库。

外购存货的验收应当重点关注合同、发票等原始单据与存货的数量、质量、规格等核对一致。对于涉及技术含量较高的货物,必要时可委托具有检验资质的机构或聘请外部专家协助验收。

3. 存货保管环节

单位应当建立存货保管制度,定期对存货进行检查,按各类物资所要求的储存条件储存,并健全防火、防洪、防盗、防潮、防病虫害和防变质等管理规范。对代管、代销、暂存、受托加工的存货，应单独存放和记录，避免与本单位的存货混淆。

4. 存货领用环节

单位应当明确存货发出和领用的审批权限，大批贵重商品或危险品的发出应当实行特别授权。资产管理部门应当根据经审批的销售(出库)通知单发出货物。

5. 存货盘点环节

单位应当建立存货盘点清查制度，结合单位实际情况确定盘点周期、盘点流程等相关内容，核查存货数量，及时发现存货减值迹象，至少应当于每年年度终了开展全面盘点清查，盘点清查结果应当形成书面报告。盘点清查过程中发现的盘盈、盘亏、毁损、闲置以及需要报废的存货，应当查明原因、落实并追究责任，按照规定的权限批准后处置。

某单位对上述业务流程予以细化，编制了存货业务控制流程，如图 2-15 所示。

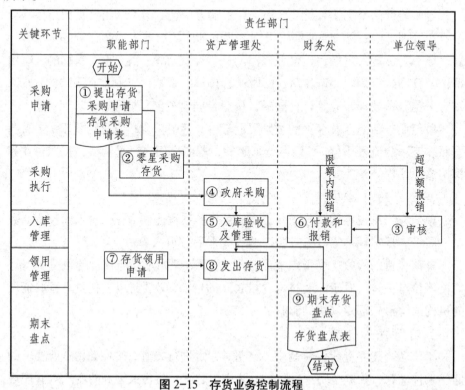

图 2-15　存货业务控制流程

（三）固定资产控制流程与控制要点

固定资产是指一般设备单位价值在 1000 元以上，专用设备单位价值在 1500 元以上，并在使用过程中基本保持原有物质形态的资产，一般分为房屋及构筑物、通用设备、专用设备、文物和陈列品、其他固定资产。固定资产是单位资产最重要的部分，是日常工作的物质保障。

事业单位应当编制固定资产目录，对每项固定资产进行编号，按照单项资产建立固定资产卡片，详细记录各项固定资产的来源、验收、使用地点、责任单位和责任人、运转、维修、改造、折旧、盘点等相关内容；规范操作流程，对重要资产实行岗前培训和岗位许可制度，确保设备安全运转。事业单位应当加强各类固定资产的管理，重视固定资产的维护保养，切实消除安全隐患，积极促进固定资产处于良好运行状态。

完整的固定资产业务流程包括固定资产请购、固定资产采购与验收、固定资产使用、固定资产维护和保养、固定资产处置等环节。其简要的控制流程如图 2-16 所示。

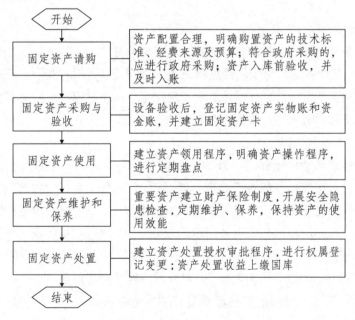

图 2-16　固定资产业务控制流程

1. 资产请购环节

各职能部门根据预算批复，提交固定资产购置申请，经本部门负责人审核后交资产管理部门；资产管理部门根据各职能部门的申请，编制存货综合采购计划，经部门负责人审批，报财务部门的进行经费审核；属于重大采购的，应由单位分管领导审核。经审核后，由资产管理部门进行采购，应由政府采购的，按照政府采购流程处理；应签订合同的，按照合同业务流程处理。

2. 采购和验收环节

财务部门根据预算金额和数量要求，按照年度集中采购目录的范围和采购限额标准，分别采取不同的采购方式进行采购。信息化设备由信息管理处负责验收，非信息化设备由财务部门负责验收。设备验收后，登记固定资产实物账和资金账。

3. 资产领用环节

财务部门负责所购资产的发放工作。资产使用部门填写领用单，注明所领用资产的名称、规格、型号等基础信息，并经使用部门经办人、负责人签字确认。

4. 资产盘点环节

由财务部门牵头，使用部门配合，组织单位资产盘点工作。使用部门根据盘点结果，在财务部门提供的盘点登记表上签字确认。对在盘点过程中出现的账实不符情况，及时查明原因并提出处理意见报请领导审批。财务部门实物资产管理人员和财务人员定期进行资产检查与核对。

5. 资产处置环节

一般性资产经使用部门申请、财务部门审核、社会中介机构鉴定后，由财务部门对符合报废条件的资产办理处置手续；信息化资产经使用部门申请，财务部门会同信息管理部门审核、社会中介机构鉴定后，属单位审批权限范围内的资产由财务部门报请分管财务的单位领导审批，信息化资产由财务部门会同信息管理部门分别报请分管财务的单位领导和信息管理部门的分管单位领导审批；超过单位审批权限范围的，由财务部门报请分管财务的单位领导（信息化资产由财务部门会同信息管理部门分别报请分管财务的单位领导和信息管理部门的分管单位领导）审批后上报主管部门审批。报废资产由主管部门指定单位按照"公开、公正、公平"的原则进行公开拍卖，拍卖后的残值收入按照

"收支两条线"及时上缴国库。

　　固定资产控制会涉及使用部门、归口部门（如基建部门、资产管理部门）、主管领导、财务部门等，应当由这些部门联手参与管理，一般分工管理的情况与流程控制如图 2-17 所示。

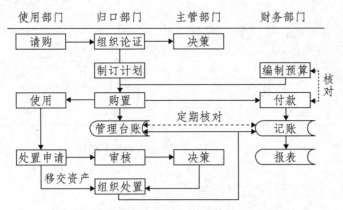

图 2-17　固定资产分工管理与控制流程

　　在实务中，固定资产处置不仅规定多、要求细，而且需要多方面配合，难度较大。某单位细化了固定资产处置业务控制流程及控制要求，如表 2-9 和图 2-18 所示。

表 2-9　固定资产处置业务控制要求

流程序号	责任部门	业务控制要求
②	职能部门	根据固定资产的状态，提交资产处置申请，明确处置资产的类别、数量、金额、用途，经部门负责人审批后由资产管理处、单位领导审批； 资产管理处要明确被处置资产的处置方式，需其他机构处置的，按照规定选取提供处置服务的第三方机构； 需上级主管部门审批的，需进一步报上级主管部门审批
⑥	资产管理处	由资产管理处组织资产移交

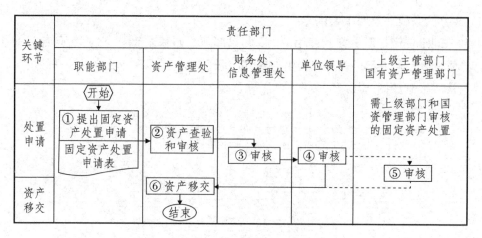

图 2-18　固定资产处置业务控制流程

（四）资产控制的重要措施

第一，建立资产岗位责任制，明确岗位职责、权限，确保办理资产的不相容岗位相互分离、制约和监督。同一个部门或个人不得办理资产业务的全过程。

资产管理部门的职能：一是，根据国有资产管理的法律法规和政策规定，制定资产内部管理制度；二是，负责资产的产权登记、资产记录、日常保管、清查盘点、统计分析等工作，协调处理资产权属纠纷；三是，提供资产增减变动和存量信息，配合财务部门和政府采购部门开展政府采购预算和计划的编制及审核工作；四是，督促业务部门按照资产内部管理制度的规定使用资产，定期检查资产的使用情况，确保资产得到有效使用；五是，按照国家有关规定办理资产处置；六是，负责对投资项目的追踪管理；七是，定期与财务部门等相关部门核对资产信息，确保资产安全、完整。

第二，建立严格的授权批准制度，明确审批人对资产的授权批准方式、权限、程序、责任和相关控制措施，规定经办人办理资产的职责范围和工作要求，审批人应当根据资产业务授权批准制度的规定，在授权范围内审批，不得超越审批权限。

第三，实现对资产的动态管理。建立资产信息管理系统，编制资产统计报告反映资产使用情况和增减变动情况，帮助管理人员全面掌握各部门占有、使用资产的种类、数量、状况等信息。创造条件实现资产信息管理系统与财务管理系统和政府采购业务管理系统的对接，实现信息共享，保障资产安全，提高资源配置的效率。

五、资产管理关键控制环节

（一）权力制约与岗位分离

资产业务控制的关键岗位包括：单位主要领导及各相关职能部门分管领导；资产管理部门负责人，固定资产管理岗；各职能部门负责人、各职能部门资产保管人和使用人；财务部门负责人、会计、出纳；等等。

资产管理部门是资产业务的归口管理部门，负责对本单位资产使用、维护、处置等工作进行统筹、组织和管理，确保资产的完整和正常使用。货币资金由财务部门归口管理，负责对本单位货币资金的收款、支付进行日常管理。各职能部门负责本部门实物资产的使用管理、维修维护申请和审核工作，负责对本部门货币资金支付的申请和审核工作等。

通过资产管理的"三权"分配（如表2-10所示），可以达到"三权"分离，对于防范资产失控风险必不可少。

表 2-10 资产控制"三权"分配表

业务与岗位 决策权		"三权"分配		
		执行权	监督权	
资产控制	单位领导	审批资产使用申请、资产处置申请、资产使用变更方案，重大资产事项集体决议		上级对下级的日常审查、督导与审计监督
	资产管理员		建立资产使用管理制度，负责资产日常管理工作；组织定期清查盘点；建立资产登记档案；按规定报送资产报告	

业务与岗位		"三权"分配		
	决策权	执行权	监督权	
资产控制	业务部门		提出资产使用、处置申请,资产使用变更申请;资产使用与维护;定期报告资产使用状况	
	审计部门 纪检部门			定期或不定期检查对外投资、出租、出借等情况,评价资产使用效率、效果;对未按规定进行资产决策和使用者问责

货币资产的不相容岗位相互分离至少包括以下几项:①货币支付的审批与执行岗位分离;②货币资金的保管与收支账目的会计核算岗位分离;③货币资金的保管与盘点清查岗位分离;④货币资金的会计记录与审计监督岗位分离;等等。

非货币资产不相容岗位相互分离至少包括以下几项:①非货币资产购置预算的编制、请购与审批岗位,审批与执行岗位分离;②非货币资产采购、验收与款项支付岗位分离;③非货币资产处置的申请与审批岗位,审批与执行岗位分离;④非货币资产的取得、保管及处置业务的执行与相关会计记录岗位分离;等等。

对外投资业务的不相容岗位相互分离至少包括以下几项:①对外投资的可行性研究与评估、对外投资决策与执行岗位分离;②对外投资处置的审批与执行岗位分离;③对外投资执行与会计核算岗位分离;④对外投资执行与监督岗位分离;⑤对外投资处置的审批与执行岗位分离;⑥对外投资业务的执行与相关会计记录岗位分离;等等。

（二）对外投资控制措施

事业单位一般不能擅自进行对外投资,因为对外投资风险大、变化多,可能难以掌控。如果需要对外投资,应当严格规定控制程序与控制措施。

对外投资的主要风险点如下:①对外投资的可行性未进行充分论证,超过单位的资金实力进行投资,可能导致投资失败和财务风险。②对外投资未经过集体决策,由个人擅自决定,可能导致对外投资失控,出现国有资产重大损失甚至舞弊。③未明确管理责任并建立科学有效的资产保管制度,未加强对投资项目的追踪管理,可能导致对外投资被侵吞或者严重亏损;等等。

对外投资业务控制要点如下。

1. 建立岗位责任制和授权审批控制

事业单位应当合理设置对外投资业务的相关岗位,明确岗位的职责权限,未经授权的部门或工作人员不得办理对外投资业务;同时,确保不相容岗位相互分离、制约。建立授权审批控制,投资决策的作出、投资合同的签订、投资资产的处置等必须履行严格的审批手续。明确审批人的授权批准方式、权限、程序、责任及相关控制措施,规定经办人的职责范围和工作要求。严禁未经授权的部门或人员办理对外投资业务。经授权的人员必须在授权范围内开展业务,任何越权行为都必须受到追究。制定对外投资业务流程,明确投资决策、投资持有、对外投资处置等环节的内部控制要求,如实记录各环节业务的开展情况。

2. 完善议事决策机制,领导班子集体决策

事业单位进行对外投资和处置对外投资一般属于重大经济事项,应当由单位领导班子在专家论证和技术咨询的基础上集体研究决定;同时,财务部门应当详细记录投资决策过程,各方面意见与可行性论证报告等相关资料一同由资产管理部门妥善归档保管,以便落实投资决策的责任。对未经批准的投资行为,无论该行为是否造成经济损失,都应当进行调查,追究责任,及时处理。

3. 实施追踪管理,及时、全面、准确地记录价值变动

一是,确定投资方案后,财务部门应当编制投资计划,严格按照计划确定的项目、进度、时间、金额和方式投出资产;二是,资产管理部门应当加强对投资项目的追踪管理;三是,财务部门应当加强对外投资有关文件资料的管理,妥善保管对外投资的权益证书,建立详细的记录,定期检查有关权益证书的保管情况,确保权益证书的安全、完整,同时加强对审批文件、投资合同或协议等文件资料的管理;四是,财务部门应加强对外投资业务的会计核算,及时、全面、准确地记录对外投资的价值变动和投资收益情况。

4. 建立责任追究制度

对在对外投资过程中出现重大决策失误、未履行计提决策程序和不按规定执行对外投资业务的部门及人员，应当追究相应的责任。

5. 加强对外投资的监督检查

应当建立对外投资内部控制的监督检查制度，明确监督检查机构或人员的职责权限，定期或不定期地进行检查。检查内容包括对外投资业务授权批准制度的执行情况、对外投资业务的决策情况、对外投资资产的投出情况、对外投资持有资产的管理情况、对外投资的处置情况和对外投资的会计处理情况等。

（三）定期盘点和账实核对

定期盘点是指定期对各项资产进行盘点，并将盘点结果与会计记录相比较。任何单位都应当定期对各项资产计点数量、核对账实，这是最常见的资产监控方法之一，而且非常有效。例如，应定期组织盘点固定资产实存情况。盘点工作应由负责保管、记账等不同职能的人员以及与实物无关的其他人共同进行。盘点结果记录在盘点清单上，清单内容包括固定资产的名称、类别、编号、存放地点、目前使用状况和所处状态等，盘点人员（一般要求两人以上）应在盘点清单上签字。实地盘点结束后，应将盘点清单的内容与固定资产卡片相核对，如发现差异或固定资产已处于不能正常使用状态，应由固定资产保管部门负责查找原因，经过一定的批准程序才能进行账面调整。盘点清单应归档保存。对实物资产盘点数与账面数之间的差异应进行调查分析，查明原因，采取改正措施。

各事业单位应当定期对资产管理台账、会计账簿记录的有关数据与实物资产进行核对，保证账证相符、账账相符、账实相符、账表相符。

第六节 工程项目控制

一、工程项目控制的目标与内容

工程项目是以工程建设为载体的项目，是作为被管理对象的一次性工程建设任务。它以建筑物或构筑物为目标产出物，需要支付一定的费用、按照一定的程序、在一定的时间内完成，并应符合质量要求。

大部分工程项目都具有规模大、耗资多、周期长、质量要求高、技术和工艺复杂等特点，而且容易受到内、外部环境的影响，不确定性和风险大。近年来，事业单位工程项目已经成为腐败高发领域之一。现实中，工程资金高估冒算，招投标环节的暗箱操作，"豆腐渣"工程，以及相关经济犯罪和腐败案例时有发生，这也就要求事业单位需要加强对工程项目的管控，通过有效的制度设计和执行防范风险。

工程项目管理大体包括工程立项、工程设计与概预算、工程招标、工程建设、工程竣工验收五个主要环节，每个环节都有更细化的业务活动。事业单位工程项目的内部控制目标包括以下方面：

（一）保证法律法规的遵循

符合国家有关安全、消防、环保等相关基本建设的规定及单位内部规章制度；遵守合同法等法律法规的规定，维护单位的合法权益，避免单位承担法律风险。

（二）保障项目的效率与效果

人员配置优化，职责分工和权限范围明确；项目投资决策正确，产生预期的经济效益；施工管理有序，安全质量受控；优化技术选择和经济决策，通过优化方案减少投入、降低成本，保证项目效益；对建设项目风险采取必要的预防和控制措施，降低建设项目风险，确保建设项目的健康运行，保障建设项目资产的安全。

（三）保障财务报告及相关信息的真实、准确

建立健全项目台账、档案，保证项目核算真实、准确、完整；财务账表与实物核对相符；项目的确认、计量和报告符合国家相关会计核算规范，建设项目的财务报告真实可靠以及管理报告及时准确，并能支撑相关的管理决策。

（四）防范舞弊

防止并及时发现、纠正错误及舞弊行为。

二、工程项目立项与招标

工程项目立项是一个严谨科学的论证决策过程，事业单位应建立可行性研究和项目评审制度，依程序报主管部门、财政部门及其他有关部门备案、审核、审批。单位应按照有关规定，结合单位实际情况，制定工程项目招标管理办法，根据项目的性质和标的金额，明确招标范围和要求，规范招标程序，依法通过招标方式，将达到招标规模标准的工程项目发包（委托）给具有相应资质等级的相关单位。

（一）工程项目立项环节的主要风险和控制措施

1. 主要风险

工程项目管理建议书内容不合规、不完整，项目性质、用途模糊，拟建规模、标准不明确，项目投资估算和进度安排不协调。

不重视项目可行性研究。可行性研究流于形式或可行性研究的深度达不到质量标准的实际要求，导致无法为项目决策提供充分、可靠的依据，决策不当、盲目上马，预期效益难以实现，甚至项目失败。

工程项目管理评审流于形式、误导项目决策；权限配置不合理、决策程序不规范导致决策失误，给单位带来巨大损失。

工程项目管理决策失误，可能造成单位资产损失或资源浪费；项目未经适当审批或超越授权审批，可能产生重大差错或舞弊行为，从而使单位遭受资产损失。

2. 主要控制措施

单位应建立工程项目管理决策环节的控制制度，对项目建议和可行性研究报告的编制、项目决策程序等作出明确规定，确保项目决策科学合理。

单位根据职责分工和审批权限对工程项目进行立项决策，决策过程应有完整的书面记录。重大的工程项目应当报经单位领导层集体决策批准。严禁任何个人单独决策工程项目或者擅自改变集体决策。单位应当建立工程项目管理决策及实施责任制度，明确相关部门及人员的责任，定期或不定期地进行检查。

单位在建设项目立项后、正式施工前，依法取得建设用地、城市规划、环境保护、安全、施工等方面的许可。

（二）工程项目招标环节的主要风险和控制措施

1. 主要风险

工程招标直接影响工程项目造价，对工程项目管理目标的实现具有深远影响。该环节的主要风险点包括：

招标人未做到公平、合理，如任意分解工程项目致使招标项目不完整，或逃避公开招标；招标人私下为特定单位设置资格条件、评标规则等，从而导致显失公平，并可能导致中标价格失实，中标人实质上难以承担工程项目。

招标人与招标人串通，存在暗箱操作或商业贿赂等舞弊行为；投标人与投标人私下合作围标，以抬高价格或确保中标；投标人资质条件不符合要求或挂靠、冒用他人名义投标等等，导致工程质量难以保证。

开标不公开、不透明，损害投标人利益；评标委员会成员缺乏专业水平，或者招标人向评标委员会施加影响，使评标流于形式；评标委员会与投标人串通作弊，损害招标人利益。

2. 控制措施

通过招投标程序可以选择到优质优价的建设单位，可以确保工程质量，控制投资成本。因此，单位要加强招投标环节的控制。该环节的关键控制措施包括：

单位应当建立建设项目招投标管理办法，根据项目的性质和标的金额，明确招标范围和要求，规范招标程序，不得人为肢解工程项目，规避招标。单位应当采用招标形式确定设计单位和施工单位，遵循公开、公正、平等竞争的原则，发布招标公告。

单位可以根据项目特点决定是否编制标底。需要编制标底的，可以自行编制或委托具有相应资质的中介机构编制。财务部门应当审核标底计价内容、计价依据的准确性和合理性，以及标底价格是否在经批准的投资限额内。标底一经审定应密封保存，直至开标时，所有接触过标底的人员均负有保密责任，不得泄露。一旦出现泄漏，不仅要按规定追究有关责任人的法律责任，还要及时终止或延迟开标，待重新制定标底后再组织开标。

单位应当组建评标小组负责评标。评标小组应由单位的代表和有关技术、经济方面的专家组成。评标小组应客观、公正地履行职务，遵守职业道德，对所提出的评审意见承担责任。评标小组应采用招标文件规定的评标标准和方法，对投标文件进行评审和比较，择优选择中标候选人。评标小组对评标过程应进行记录，评标结果应有充分的评标记录作为支撑。

单位应当按照规定的权限和程序从中标候选人中确定中标人，及时向中标人发出中标通知书，在规定的期限内与中标人订立书面合同，明确双方的权利、义务和违约责任。

三、工程价款支付

工程项目一般都存在着规模大、投资多、工期长、多方参与、实施情况复杂等特点，因此工程项目价款支付应有其特殊的管理方式，以确保工程项目的资金安全，提高投资效益，避免出现资金浪费。

（一）材料价款支付的控制

这个过程的重点是审核材料计划，检查对外采购、验收及移交材料的品种、规格、数量、金额与材料采购计划是否一致。建设单位应根据施工组织设计安排的工程进度和工期，组织技术部门和监理部门进行认真的审核，保证按需供应，既不能影响工程施工，又要避免囤积材料，大量占用建设资金。

（二）工程预付款的控制

建设单位在同施工单位签订施工合同前，应由审价部门对工程预算进行认真、细致的审核，以合理确定合同价款，签订合同。施工单位根据双方合同规定的比例，向建设单位提报工程预付款申请表。建设单位合同部门审核无误报财务主管批准后，办理付款手续。财务部门要根据合同中预付款的起扣点，制定相应的预付款扣除时间和比例，既不能因为预付款的起扣点影响施工单位的资金周转，又要在合同规定的时间内将预付款全额扣回。在这个环节中，主要是控制预付比例和制定合理的扣除时间。

（三）工程进度款的支付控制

首先，施工单位根据本月完成的实际工程量，向建设单位提报工程施工形象进度，包括本月完成的分项工程名称、数量、金额，本月消耗的主要材料的数量、金额等。建设单位接到工程进度提报后进行审核（或交监理公司进行审核），主要审查工程进度提报的工程量和实际完成的工作量是否相符，然后由计价部门重点审核定额的套用是否准确，费用的支出是否合理，是否在合同范围内等，审核时应单独列出工程进度中包含的由建设单位提供的材料费用。审核后将工程进度报单位负责人批准，然后转交财务部门办理支付。依据工程合同，扣除当月结转的材料款，扣除当月应扣回的工程预付款，算出当月拨付工程款的具体数额并报财务主管批准后，办理支付。如果累计拨款数已达到合同规定的拨款数额，但工程施工仍需要追加拨款，应先由施工单位申请追加工程预算，然后经建设部门有关人员审核、签字认可，报单位负责人批准后执行。

在这个环节中主要是审核工程数量和计价金额。其中审核工程数量是关键控制环节，只有对提报的工程数量进行认真的审核，才能避免发生施工单位虚报工程量、冒领工程款的现象，防止工程款付超。

四、工程实施

工程项目实施后，单位应严格控制项目变更，对于必要的项目变更应经过相关部门或中介机构（如建设项目监理、财务监理等）审核。重大的项目变更应比照项目决策和预算控制的有关程序严格控制。因项目变更等原因造成价款支付方式及金额发生变动的，应当提供完整的书面文件和其他相关资料。单位会计人员应当对项目变更涉及的价款支付进行审核。

工程项目的进度控制是为了保证工程项目按计划进行，通常应对工程项目各建设阶段的工作内容、工作程序、持续时间和逻辑关系编制计划，并在该计划付诸实施的过程中，经常检查实际进度是否按计划要求进行。对出现的偏差要分析原因，并采取补救措施，或者调整、修改原计划，直至工程竣工，交付使用。进行进度控制应当在考虑三大目标对立统一的基础上，明确进度控制目标，包括总目标和各阶段、各部分的分目标。监理工程师应根据业主的委托要求，科学、合理地确定进度控制目标。

对于工程项目的进度控制所采取的措施主要有组织措施、技术措施、合同措施、经济措施和管理措施等。组织措施就是建立进度控制的组织系统，落实各层次的控制人员及其职责分工，建立各种有关进度控制的制度和程序；技术措施就是采用先进的进度计划编制技术，采用先进的控制方法与手段保证进度控制有效进行；合同措施就是采用有利于进度目标实现的合同模式，通过签订合同明确进度控制责任，加强合同管理，以合同管理为手段保证进度目标的实现；经济措施就是保证进度计划实现所需资金，采取对工期提前给予奖励、对工期延误给予惩罚等措施；管理措施就是通过内部管理提高进度控制水平，通过管理消除或减轻各种因素对进度的影响。

五、工程项目竣工验收

竣工验收是指工程项目竣工后由建设单位会同设计、施工、监理单位以及工程质量监督部门等，对该项目是否符合规划设计要求以及建筑施工和设备安装质量进行全面检验的过程。该环节的主要风险点包括：竣工验收不规范，质量检验把关不严，可能导致工程交付使用后存在重大隐患；虚报项目投资完成额、虚列建设成本或者隐匿结余资金，导致竣工决算失真；竣工验收时权责不明、验收不及时，验收资料不合格、不齐全或未按规定审批，都可能埋下重大隐患；建设项目未及时结转可能引发的风险。

竣工验收环节是工程项目进展中的一个重要环节，该环节的关键控制措施包括：建立规范的竣工验收的内部控制制度，明确规定各个流程需要注意的事项以及每个流程的控制点及相关负责人；单位应当及时组织设计、施工、监理等有关单位对建设项目进行竣工验收，确保建设项目的质量符合设计要求；应对竣工验收进行审核，重点审查验收人员、验收范围、验收依据、验收程序等是否符合相关规定，并可聘请专业人士或中介机构帮助单位验收；验收合格的建设项目，应当及时编制财产清单，办理资产移交手续，并加强对资产的管理。

六、工程项目决算

单位应当及时编制竣工决算，开展决算审计，组织专业人员进行竣工验收，重点关注项目投资额、概预算执行、资金管理、建设项目质量等内容。该环节的关键控制措施包括：首先，单位应当建立决算环节的控制制度，对竣工清理、竣工决算、决算审计、竣工验收等作出明确规定，确保竣工决算真实、完整、及时。其次，单位应依据国家法律法规的规定及时组织审核竣工决算。重点审查决算依据是否完备，相关文件资料是否齐全，竣工清理是否完成，决算编制是否正确。最后，单位应当建立竣工决算审计制度，及时组织竣工决算审计。未经竣工决算审计的建设项目，不得办理资产验收和移交手续。

第七节 合同业务控制

一、合同管理风险点

（一）合同管理层面的风险点

1. 合同管理制度的风险点
事业单位一般都已建立了比较健全的财务管理制度，如财务管理办法、预算管理制度、财务收支制度等，但还有一些单位并没有建立合同管理制度。如果不建立完善的合同管理制度，就会导致合同管理行为有失规范，管理权责不清，合同范围和条件不明确，这样便可能会出现很多的合同管理问题。诸如，应当订立合同的经济事项未订立合同，或者违反法律禁止性规定签订合同等，从而产生违反法律规定的事实和风险，可能导致事业单位蒙受经济损失。有的单位虽然建立了相关制度，但制度的内容不规范、不科学，甚至违背《中华人民共和国劳动合同法》（以下简称《合同法》）的规定。有的单位虽然有规范的合同管理制度，但在合同管理中没有很好地执行制度。这些问题可能导致合同管理松懈、经济纠纷不断、诉讼事项时有发生。

2. 日常合同管理的风险点

（1）合同的风险意识淡薄

部分事业单位经济业务经办人员容易忽视合同的风险，对违约责任、担保及产品质量等容易出现问题的方面没有进行沟通及约定，有些不良企业正是利用事业单位对合同的风险管理意识不强的弱点，预先设置合同漏洞，事后提出不合理要求，有的甚至利用合同对事业单位进行诈骗。

（2）未明确经济合同归口管理部门

事业单位一般未设置合同管理部门，经济活动发生时就按部门职能分工对经济业务（包括合同）进行管理。由于经济合同涉及面广、内容复杂，事业单位对合同管理往往较为分散，由业务部门、财务部门、政府采购部门、法务部门等分头负责。如后勤部门对房屋及建筑物维修工程、房屋租赁、土地合作建设以及用水、用电、用气事项进行管理；后勤部门对相关合同事项进行管理；资产部门负责公开采购物资、服务合同的管理等。部分业务部门对合同管理缺乏必要的知识和经验，法律意识比较淡薄，容易导致合同管理出现问题。重大合同可能会组织专业的谈判小组负责，但部门间、小组成员之间缺乏必要的沟通和协调，整体合同管理水平并不高。

（3）合同档案未归口管理

一是有的单位没有对合同档案进行归口管理，档案分散在各个业务部门，没有集中到单位档案室归档保存，导致难以掌握合同签订、履行的整体情况。二是单位各部门合同档案管理水平参差不齐，需要合同时甚至连原件都查找不到。没有对合同统一编号、登记造册、分类保管，也没有对合同的履行情况进行登记。没有做好合同的保密工作，造成应保密事项泄密甚至遗失合同资料。合同档案包括合同审批流转手续、合同正本、合同前期调研、招标、议价等材料，全面反映了整个经济活动的详细情况，档案管理不规范，对合同签订监督以及合同执行的跟踪管理都十分不利。

（4）采购需求审查不到位

根据《中华人民共和国政府采购法实施条例》的要求，采购前采购人应制定明确的采购需求，并且加以论证，专业性强的还须请专家论证。有的事业单位在采购前开展的工作尚未达到此要求，对事项的认定往往比较粗放，对如何制定、论证、提交和审查采购需求未进行明确要求，也没有相关责任规定，源头管理不严，弱化了后续监督，导致合同效益不高。

（二）合同调查环节的风险点

合同调查环节的风险点主要是缺少必要的前期审查。这主要是由缺乏必要的市场调研，同时对签订合同的主体缺乏专门的资格审查等造成的。合同签订前，对合同另一方的诚信度、履约能力、资质等情况未进行翔实的调查了解，所选择的合同对方不具备相应的资质或能力，给合同履行埋下了隐患，导致合同目的无法实现，还可能造成较大的经济损失和恶劣影响。部分合同还要求对方具备特殊的资质，比如保密资质、环境影响评价资质等，未调查清楚可能会导致经济合同无效或引发潜在的风险。

即便在经济合同签订前进行了资信调查，掌握了被调查对象的资信状况，但在经济合同履行过程中没有持续关注对方的资信变化，也可能会导致单位利益受损。

（三）合同谈判环节的风险点

合同谈判环节的主要风险点包括：谈判人员经验不足，对技术性强或法律关系复杂的经济事项，未组织技术、法律、财务等方面的专家参与谈判工作，导致单位利益受损；未及时搜集、分析和研究与合同相关的法律法规，导致合同谈判条款不符合国家产业政策和法律法规要求；谈判前没有对市场竞争、谈判对手情况进行充分调查和了解，没有制定有利的谈判策略，导致本单位在谈判过程中处于不利位置；对合同条款、格式审核不严格，忽视了合同的重要条款和核心部分，存在不当让步，导致单位利益受损；泄露本单位谈判策略，导致本单位在谈判过程中处于不利位置。

（四）合同签署环节的风险点

合同签署环节的风险点包括以下几点。

1. 订立合同未履行必要程序时的风险

合同订立前没有全面了解对方单位的资质、经营、技术水平以及信誉等方面的情况，重大事项没有经过论证、决策过程，就订立合同。《合同法》规定，合同的主要内容为当事人的名称或者姓名和住所、标的、数量、质量、价款或者报酬、履行期限、地点和方式、违约责任、解决争议的方法等，但事业单位在订立合同时常常会有遗漏，如违约责任、解决争议的方法等，致使经济活动出现纠纷时没有协调解决的依据。合同未经法律等其他部门审核，导致合同内容有时不符合法律规定。另外，少数事业单位在经济业务办理部门与对方签订合同时，既不办理合同审核，也不经过单位法人代表审批，在无授权的情况下就由部门负责人批准并加盖部门公章，与对方订立合同，明显违反了《合同法》的规定。

2. 合同条款内容不严谨、不完整的风险

合同条款不严谨，存在合同条款有漏洞，关键事项约定不明的现象。有的合同到财务付款审查时才发现分期付款金额与合同总金额不相符，合同支付方式、票据提供等难以实现；有些经济事项技术性强、法律关系复杂，需要相关专业人员参与，如果合同管理或参与人员不具备专业素质和能力，对合同重要条款未经反复研究、论证和磋商，导致合同形式不当、重要条款约定存在缺陷，可能会使单位面临诉讼风险或造成经济损失；在合同具体签订时，存在双方签名、签订日期栏空白的情况，易产生误解，给合同执行带来隐患，如发生违约将对维权产生不利影响。

3. 违反程序，超越权限风险

不履行或不完全履行审批程序、未按授权审批权限订立合同、合同印章疏于管理、管理程序缺失、相关资料不全等情况，可能导致未经授权或超越权限订立合同。如重大合同未按照"三重一大"的要求履行集体决策，没有经过单位法定代表人授权或者超越权限进行合同签订。

（五）合同履行环节的风险点

合同履行环节的风险点包括以下几点。

1. 合同管理与财务管理相分离

合同签订、履行等信息往往只有具体业务部门了解，财务部门未能及时跟进。如合同签订后，往往是等到结算时，才会向财务部门提交合同副本和相关单据申请付款。有的合同事项并未列入年初预算，导致合同履行时须申请调整预算，既不利于工作开展，耽误工作进程，也加大了预算执行难度。在行政事业单位的财务管理体系中，合同管理是非常重要的，如果财务部门不能及时对合同的签订、履约、收付款等情况进行监督，那么将增大单位承担经济损失的风险。

2. 不能严格按照合同对经济事项执行情况进行验收

如供应商往往会以次充好，提供样品时是好的，供货时是差的。有的供货商甚至以少充多，致使单位蒙受经济损失。在基建、维修工程合同的履行过程中也会出现问题，比如增加隐蔽工程的工作量，通过变更工作量清单增加工作量等。

3. 合同执行进度与款项支付进度不匹配

事业单位违反合同约定，未按照合同规定的期限、金额或方式付款，或者经济业务承办部门办理付款时，只提供发票、验收单等原始凭证，没有向财务部门提供合同便要求财务部门付款；财务人员未认真核对合同，未按合同约定付款，如未扣留约定的质量保证金，基建项目合同约定按项目进度付款，却未达到指定的进度就提前付款等。

（六）合同变更及纠纷处理环节的风险点

合同变更及纠纷处理环节的风险点主要是未对合同进行有效的跟踪和监控。出现合同依据的法律法规和规章政策修改或者废止、签订合同时的客观情况发生重大变化、合同当事人经营状况严重恶化和丧失商业信誉等重大影响时，未及时与合同当事人进行合理沟通，也没有向合同归口管理部门和单位领导报告，未能按要求订立补充合同，或变更、解除合同等；出现纠纷时，不能按合同进行协商谈判，也不注意收集相关证据为诉讼做准备，甚至有些经办人员未经授权便予以对方实质性的答复或承诺，影响单位合法权益。

二、合同管理内部控制措施

（一）树立合同风险意识，健全合同管理制度

合同管理是事业单位在市场经济条件下对内部的重要管理工作，涉及预算管理、政府采购、资金收支、资产管理等各项经济活动，需要单位内部各有关部门和岗位间的沟通、协调和联动。合同风险客观存在，有的合同风险不可控制或不可预见，对合同风险存在的可能性、必然性及危害性的正确认识是防范合同风险的前提和关键。事业单位应当树立合同风险意识，采取有效措施，努力规避或减少风险，尽量避免经济损失或其他影响。

《行政事业单位内部控制规范（试行）》（以下简称《规范》）第五十四条第一款规定：单位应当建立健全合同业务内部管理制度。从事业单位合同管理存在的主要风险来看，单位未制定、未执行合同管理制度是最主要原因之一。单位应结合自身规模、管理特性等情况制定能有效控制的合同管理制度，包括合同管理岗位责任制度，合同归口管理制度，合同订立会审、审批、订立管理制度，合同履行程序及验收制度，合同登记保管制度等。在制度框架下，事业单位应合理设置合同管理岗位，确定合同管理责任主体，厘清职责，明确合同管理各方的职能职责、签订经济合同的范围与条件、合同审批权限等，建立合同监督管理机制，确立合同管理范围和流程，建立部门间的沟通协调机制，采取相应的控制措施，有效控制合同风险。

（二）实行合同归口管理，提高合同管理人员水平

归口管理是为了防止重复管理、多头管理或无序管理，按特定职责分工，明确权利义务，各司其职的一种管理方式。由于合同管理专业性强，涉及经济、技术及法律等方面的问题，要求合同实行归口管理。根据《规范》第五十四条规定"单位应当对合同实施归口管理，建立财会部门与合同归口管理部门的沟通协调机制，实现合同管理与预算管理、收支管理相结合"的要求，结合单位的管理体制，可单独设置合同管理部门，也可下设办公室，安排专业人员专职

负责。该专职人员负责牵头组织梳理、完善管理制度、保管合同档案、组织重大经济合同谈判、管理合同专用章等；当合同双方发生经济纠纷时，应积极维护单位的合法权益，做好相关协调工作；当需要进行经济诉讼时，应积极收集相关证据，代理单位参与经济诉讼活动；负责合同的后续管理，应定期整理更新、报告合同签订与履行情况。同时，事业单位应明确业务部门、合同归口管理部门以及财务部门等相关部门在合同管理中的职责。建立沟通机制，部门之间定期核对合同签订、履行与支付情况。

事业单位应明确合同的授权审批和签署权限。按重要性分类，合同可分为重大合同、重要合同和一般合同。其中，重大合同是指那些对单位正常运转具有致命性影响的经济事项所涉及的合同；重要合同是指那些对单位正常运转具有重要影响的经济事项所涉及的合同；除重大合同、重要合同外，其余的合同归于一般合同。单位应明确合同管理岗位的审批权限，确保管理人员在其授权和审批权限内开展合同业务。

事业单位应做好合同管理人员的引进和管理工作，确保合同业务相关人员的专业胜任能力和职业道德素养。明确合同管理考核和责任追究制度，提高合同业务管理水平，确保单位合同业务正常开展。

（三）风险防范关口前移，加强合同立项管理

认真编制政府采购预算。《预算法》和各项政府采购规章制度的出台，使预算管理、政府采购管理、合同管理实现有机结合。政府采购预算是事业单位部门预算的重要组成内容，是签订经济合同的依据，预算编制时一定要遵循精细化、实事求是、科学有据的原则，为预算执行打下坚实基础，为合同签订提供有力支撑。采购活动实施前应制定采购需求，进行立项审查，对采购目标、服务要求等进行前期论证，对于涉及较多专业技术、法律关系复杂的合同，必须组织相关技术专家、法律专家、财会专家等进行论证，使得采购需求切合实际，避免出现重复建设、资源浪费的情况。并且要充分了解市场信息，进行合理估价，根据金额大小及重要程度，分级进行立项审批。

（四）重视合同调查工作，加强合同谈判控制

事业单位应加强合同签订前期审查。合同签订前应查看拟签订合同对方当

事人的营业执照、税务登记证、银行开户许可证、资质证书等凭证，对其诚信状况、资质情况、履约情况、独立承担民事责任的能力等方面进行充分调查。与被调查对象的主要供应商、客户、开户行、税务及工商等部门沟通，了解对方经济实力、产品质量、售后服务及信誉等方面的情况，并对其资金情况、专业技术能力、产品质量保障、合同签订价格等多方面进行分析、比较、论证、调研，选择各方面条件都较好的公司入围。为合同对象建立信用档案，定期对其进行信用评价，在合同履行过程中随时关注其资信变化，确保签约对象主体具有相应的主体资格、资信状况良好、具备履约能力。

调查合同签署方是否有履行责任和义务的能力是非常重要的，不能与无法承担民事责任的当事人签订合同。在签订合同前要做好自身主体资格的审查和承担能力的确认。在与对方签订合同前，事业单位要审查自身的主体资格是否符合合同签订的相关法律，本单位是否具有偿还能力以及合同签订的资金是否能得到财务部门的批准，是否有资金保障。

合同谈判是合同当事各方就合同标的内容、数量金额、履约方式、价款结算、违约补救等在内的重要内容进行磋商的过程，需要事业单位多人参与、群策群力。事业单位应当根据市场实际情况选择适宜的洽谈方式，超过一定数额的货物、服务和工程采购项目，按照国家关于政府采购法律法规的规定选择合同订立方式。在合同谈判过程中，事业单位应当组建人员素质较高、专业结构合理的谈判团队。谈判团队中应当包括本单位业务人员以及财会、审计、法律等方面的人员。影响重大、涉及专业技术或法律关系复杂的合同更应当予以足够的重视，可聘请外部专家参与合同谈判的相关工作。无论是本单位人员还是外部专家，都应当全面考核其专业资质、胜任能力和职业道德情况，不可因为选人用人不当带来不可预见的风险。

事业单位应严格审核合同条款，关注合同的核心内容、条款和关键细节。包括合同标的的数量、质量和技术标准，合同价格的确定方式和支付方式，履约期限和方式，违约责任和纠纷解决方式，合同变更或解除条件等。合同一般应当具备以下条款：合同主体的名称或者姓名和住所；合同标的或者项目的详细内容；合同当事人的权利和义务；履行期限、地点和方式；违约责任及赔偿损失的计算方法；合同变更、解除及终止的条件；合同争议解决方式；生效条件、订立日期。订立合同不得有下列内容：超越事业单位职权范围的承诺或者义务性规定；违反法律规定以事业单位作为合同保证人；临时机构、议事协调机构和内设机构作为一方当事人订立合同；其他违反法律、法规、规章或者损害国家、社会公共利益的约定。

事业单位应搜集和研究国家相关法律法规、行业管理政策，了解同类产品或服务市场竞争情况，确保合同内容符合国家产业政策和法律法规要求；提前搜集谈判对手的资料，熟悉对方的基本情况，有针对性地制定谈判策略；加强内部保密工作，防止出现一方信息泄露的情况；对谈判过程中的重要事项和参与谈判人员的主要意见应当做好记录，做好责任追究工作。

（五）重视合同文书表述，加强审核、签署管理

防范合同订立风险最基本的要求是保证合同事项本身的合规性。离开了这个前提，防范合同风险就无从谈起了。合同文本是当事各方权利与义务的全面反映和集中体现，对于合同全面履行和纠纷处理等方面意义重大。事业单位对外发生经济活动所签合同以书面合同为准，除数额较小、风险可控、可以即时结清的项目外，都应订立书面合同。合同文本要保证内容和条款表述完整准确；格式合同或由签约对方起草的合同应当组织审查，不可因图省事而放弃争取权利，要确保合同表述能够准确反映单位诉求和谈判达成的一致约定。

合同事项的实质内容和外在形式应当确保符合相关规定，事业单位合同立项应全面并符合国家法律规定及财政资金管理的相关规定。确保合同订立的内容完整、合规，如房屋出租重点应关注合同是否明确资产出租、出借期间的修缮保养、税赋缴纳、租金及物业管理费的收付、归还期限等事项；不得违规签订担保和借贷合同，不得购买股票、基金等高风险投资品种等；特殊情况是否经专门部门或机构审批，如有授权内容，是否在授权范围内进行处理等；对于违约责任约定定金罚则、违约金、赔偿金及管辖的法院等；所有这些，合同订立时应尽量约定得具体、明确，出现纠纷可以按约定进行妥善处理。

合同承办部门在报送审核时，应当一并报送以下材料并对其真实性负责：合同文本草拟稿及电子稿；相关主体资格、资质证明材料；合同订立的依据、相关批准材料；与签订合同有关的其他材料。

合同签订过程中，应严格按流程进行审批，严格审查合同文本，明确约定事项。规范、完整地签署合同，避免出现漏洞，留下隐患。一般从以下方面对

合同进行审核：合同主体的资格、资质及履约能力；合同内容的合法性、合理性；合同文本的规范性；合同是否损害国家利益和社会公共利益；其他需要审核的事项。应当严格审核合同目标是否与单位职责和管理目标相协调，加强预算和成本管理，防止因签订合同导致超计划投资、超预算或无预算支出。建立合同会审制度，对影响重大或法律关系复杂的合同文本，单位财务部门、内审部门、法律部门、业务关联的相关部门要进行联合审查并签署意见，必要时应当组织集中讨论会审。合同拟定后应经归口管理部门认真审核，在确认合同内容完整且不存在风险的情况下，经领导审批方可订立合同。重大事项还应在合同订立前向单位领导报告，经领导办公会议集体决策后方可订立合同。

在签订合同前，要对合同上所有的条款进行仔细检查，确保无误后再签订合同；在签订正式的合同时，要关注空白处，以免给其他人加入其他不合理条款的机会；在签订前期合同时，应要求对方先加盖公司公章；为了减少风险发生的概率，双方都应采用钢印章；要在合同正式签订后，对签订的合同进行现场见证，以免日后由对方自行改动合同，以此保障单位的财产安全。

应当严格划分各类合同的签署权限，严禁超越权限签订合同。法定代表人授权签署合同的，应当签署授权委托书。要加强合同印章管理，单位法定代表人或其授权的代理人未签字署名的，不可加盖合同印章。不可逾越审批流程，合同管理流程欠缺的合同文本不得加盖合同印章。为防止已签署的合同被篡改，可以采用加盖骑缝章、使用防伪印记等方法对合同内容加以控制。按照国家有关法律法规规定，在办理批准、登记等手续之后方可生效的合同，应当及时按规定办理相关手续。

（六）加强合同履行控制，按约进行合同结算

合同履行是合同控制最重要的环节之一，事业单位应严格按照合同约定，做好合同的履行控制工作。要对合同履行实施有效监控，注意合同约定的细节内容，对合同履行实施情况对照合同进行控制。质量、数量、款式等不符合合同要求的项目，应及时按要求进行调整，并按合同约定做好追究责任的准备。业务部门归集合同、发票、验收单等原始凭证，经审批后由财务部门付款，财务部门按合同约定的付款方式加强付款审核。一般的买卖合同，应对标的物的数量和质量进行验收，验收合格后方可付款。对建设工期长、需要支付工程预

付款的项目，应按合同约定，并结合工程项目进度付款，不得提前支付款项。不符合合同约定的，暂不付款并及时向领导汇报。

在合同履行过程中，注重财务人员的参与。也就是说，在单位合同订立及履行的过程中，财务人员应当积极参与，尽可能减少由于付款方式存在不足存在合同执行风险。单位财务部门应当结合合同实际履行情况进行账务处理，严格遵照合同条款开展各项经济活动。若未能够按照合同条款履行合约，单位财务部门应当及时报告，以免对单位造成无法预知的经济风险。

事业单位应建立合同履行审查监督制度，对于合同没有约定或约定不明确的内容，通过双方协商一致对原合同进行修改补充；无法达成协议的，按照国家相关法律法规、合同有关条款或交易习惯确定。对于显失公平，条款有误或存在欺诈行为的合同，按规定程序及时报告，并经合同双方协商，按照约定办理合同变更或解除事宜。由于对方当事人的原因造成合同中止、转让、解除，造成单位经济损失的，应以书面形式向对方当事人提出索赔。

（七）加强合同纠纷控制，建立合同考核评价机制

事业单位发生合同纠纷时，要在法律规定的时效期间内，采取协商、调解、仲裁、诉讼等方式解决。双方经过协商达成一致意见的，要及时签订书面协议确认，由双方代表签字并加盖双方法人公章或合同专用章。如需要通过仲裁、诉讼方式解决的，合同管理部门要及时安排精通法律的人员，运用正确的方法收集证据材料，做好诉讼准备，维护单位的合法权益。

事业单位应建立合同管理考核追踪制度，切实建立合同风险防范问责机制，明确合同管理流程中的各岗位职责。应定期对合同决策、订立、履行等管理情况进行分析评估，发现管理隐患应及时改善解决，在出现合同风险时应科学客观地分析原因，对于因单位内部人员工作疏忽造成损失的，应追究相关人员的责任，确保上述合同管理内控机制能够有效执行，避免管理程序流于形式。

事业单位应强化合同执行评价及监督制度，根据不同的合同类型制定相应的评价标准，对合同进度、完成情况、预期效果等按期进行评估，强化对合同履行情况的管理与控制，及时发现在合同履行过程中出现的问题并予以纠正。另外，单位还应通过审计等手段规范合同签订行为、提高合同管理水平。

（八）及时整理归档，加强合同档案管理

单位应当建立合同档案管理制度，定期对合同进行统计、分类和归档，详细记录登记合同的订立、履行和变更、终结等情况。在合同订立阶段，加强合同资料的管理，是内部控制规范的基本要求，也是防范合同风险的起点和合同补救、纠纷处理和责任追究的客观需要。合同签订完成后，应及时搜集整理合同资料，将合同文本、合同立项、市场调查、合同谈判及构成要约、承诺的相关文件、电子信函等资料以及反映合同订立内部审批情况的有关资料移交给合同管理部门。

合同管理部门应建立合同档案，委派专门的部门和工作人员对事业单位合同进行统一连续编号，并进行科学化管理。合同分批履行的情况记录及变更、解除合同的协议等资料都必须加以编号，按顺序装订成册，妥善保管。在此基础上建立精准的电子合同，实现电子化合同管理，并编制电子目录，以待相关部门和人员在有需要时查阅，切实提高事业单位合同管理的便捷性和高效性，将合同管理的风险降到最低。

事业单位应根据合同的不同种类建立合同的台账，制作报表，定期向领导报告合同履行情况，便于领导及时了解合同管理及控制情况，为领导的经济决策提供可靠依据。为了加强合同管理情况评估，单位应对合同订立、履行及纠纷解决等方面的情况进行总结评估，查找合同控制存在的问题，及时调整控制策略，保证合同控制有效。此外，单位还应加大合同后续跟踪管理，保障合同成果有效利用，充分发挥财政资金的作用。

第三章　事业单位组织层级内部控制设计

第一节　组织架构

一、组织架构的界定

组织架构是组织层级内部控制设计的重中之重。事业单位的组织架构是事业单位明确内部各层级机构设置、职责权限、人员编制、工作程序和相关要求的制度安排。

组织架构的主要内容是单位机构设置及权责分配，机构设置应包括决策机构、执行机构和监督机构以及这三者之间的权责分配。一般来说，决策机构是单位的权力中心，其设计的合理性对单位整体内部控制效果具有正向引导作用。执行机构是决策的具体承办部门，是内部控制活动的直接实施者，如财会部门、采购部门、资产管理部门、预算管理部门等。监督机构是约束决策机构和执行机构的关键，一般包括内部审计部门、纪检监察部门等。

事业单位可以根据自身的实际情况，在现有行政编制的基础上构建组织架构，具体的机构和岗位设置方式包括两种，即常设机构和非常设机构。常设机构是指单位因日常事务处理需要而设置的专门机构，一般有固定的办公场所、专职的人员配备、特定的业务处理范围，这类机构具有长期存在、连续运行的特点,如财务部门、内部审计部门等。非常设机构是指单位为完成某一方面或某项业务的组织协调工作,通过调配内部相关人员成立的非常设性质的机构,这类机构具有临时组建、跨部门合作等特点,如单位领导办公会议、预算委员会、采购领导小组和(专项)监督小组等。

一般来说,单位领导办公会议成员由主要领导构成,负责对单位所有重大事项进行决策;而预算委员会由单位主要领导、财务负责人和各职能部门的负责人构成,负责预算和资金使用方面重要事项的决策;采购领导小组由单位分管领导、采购归口部门领导和财务负责人构成,负责预算、立项、审批、招投标、合同签署、验收、资金支付及评价的一系列活动;(专项)监督小组由单位分管领导、审计部门和财务负责人构成,负责对单位各项业务进行专项监督。对于内部控制的建立及日常实施工作,单位可以将内部控制职能赋予现有常设机构的内设岗位,同时根据单位决策、执行和监督工作的需要设置非常设机构。

单位组织架构的另一个内容是建立单位的内部自我约束机制。就内部控制而言,所谓机制,是指以所设机构为载体,建立科学的执行程序和完善的制度规范,并通过监督和评价来激励程序和规范的有效执行,以此实现规则制衡,其实质是协调单位各机构的关系。简单地说,机构设置及权责分配从静态角度呈现了单位内部控制在整体上是如何安排的,而机制建立则以动态的视角说明了单位内部控制进行机构设置和权责分配以后应如何开展的问题。因此,单位组织架构的设计还包括在决策、执行、监督三大机构基础上运行的决策机制、执行机制和监督机制的建立。

二、组织架构在内部控制体系中的作用

组织架构作为单位内部环境的有机组成部分,在内部控制体系中处于基础地位。组织架构是单位开展风险评估、实施控制活动、促进信息沟通、强化内部监督的基础设施和平台载体。一个科学高效、分工制衡的组织架构,可以使单位自上而下地对风险进行识别和分析,进而采取控制措施予以应对,可以促进信息在单位内部各层级之间、单位与外部环境之间及时、准确、顺畅地传递,可以提升日常监督和专项监督的力度和效能。

三、组织架构设计的基本要求

（一）制衡性原则

制衡性原则是事业单位组织架构设计的核心原则，这一原则要求单位确保决策机构、执行机构、监督机构相互分离，并进行合理的权责分配，在单位内部的部门管理、职责分工、业务流程等方面形成相互制约、相互监督的机制。具体地说，负责经济活动决策的机构不应参与具体执行过程，负责执行活动的机构无权自行决策，而负责监督的机构则需要独立于决策与执行机构，以确保其监督效果。单位在进行岗位设置时，要判断哪些属于不相容岗位并进行分离，以书面形式，如岗位说明书、权限指引等形式，使各个岗位的职责权限明确化、具体化，达到相互监督同时兼顾效率的目的。

（二）适应性原则

适应性原则包括两方面的内容。一方面，事业单位的组织架构设计应当根据自身要求，结合单位现状与编制情况，设置不同的部门机构和岗位，在现有编制内灵活设计工作机制、选择合适的方式组织协调内部控制的建立、实施及日常工作。例如，单位可以将内部控制职能赋予现有的常设机构内设部门或岗位，也可以根据单位决策、执行和监督工作的需要调配内部管理机构或岗位组建非常设机构。另一方面，适应性原则要求单位组织架构在保持相对稳定的同时，具备一定的灵活性，即随着外部环境的变化、单位经济活动的调整和管理要求的提高，组织架构也应不断地修订和完善。

（三）协同性原则

事业单位组织架构的设计要立足于整体，全面考虑单位经济活动的决策、执行和监督全过程，在此基础上，单位应当关注重要经济活动和经济活动的重大风险，并在组织架构设计时对此作出适当的安排。这种点面结合的组织架构设计有利于提高控制协同性，降低控制成本。

四、组织架构的职责分工

事业单位在履行行政职能时，需要按照单位机构和编制的要求，设置单位机制机构和岗位的职责分工。按照不同的行政职能，单位可以设置不同的业务部门，提供专业的社会服务。同时，为了维持单位的日常运转和各项业务的开展，单位还需要设置办公室、财务、内审、纪检等部门。从事业单位内部控制角度来说，单位领导应根据内部控制的总体要求，划分单位各内设部门和二级单位的职能，厘清各部门在组织层级和业务层级内部控制中的角色和分工。

职责分工可以分为组织层级和业务层级。组织层级职责分工是按照不相容岗位分离的制衡原则，确定单位领导和分管领导对内设部门和下属单位的管理职权。业务层级则是根据各内设部门和二级单位的职能进行划分，或者由单位根据业务分类和支出事项的不同特点自主设计职责分工和归口部门。比如在设有信息管理部门的事业单位中，信息系统和技术的采购业务归信息管理部门管理，并由其负责前期论证、招投标标准和验收等业务环节；而日常办公用品的采购则归办公室管理，固定资产的采购可由专门的资产管理部门管理。事业单位可以根据各业务的特点，设置或确定归口部门，并设计业务管理环节和模式。

（一）预算控制

1. 单位领导（预算委员会）

决策：决定预算管理政策、年度预算草案、年度预算追加及调整方案、年度财务决算等重大事项。

监督：上级对下级的日常监督。

2. 财务部门

财务负责人执行：审核年度预算草案、预算调整方案、具体预算执行方案等。

预算管理岗执行：主持预算管理日常工作；部署预算编制工作，编制年度预算、决算草案；具体化预算执行规则；提出年度预算调整和追加方案；分析报告、检查监督预算执行情况。

3. 业务部门

执行：提出本部门年度预算、组织实施经批复的年度预算、提出年度预算调整和追加建议、提交年度预算执行报告。

4. 内部审计、纪检监察部门

监督：依据决算结果考评预算业务目标和实际执行过程及结果的一致性，及时报告问题，提出改进意见。

（二）收支控制

1. 单位领导

决策：审批限额内资金支出，大额资金使用应当集体决议。

监督：上级对下级的日常监督。

2. 财务部门

财务负责人决策：审核收入、审核资金使用申请金额、审批限额内资金支出。

会计执行：资金收支、资产新增或处置等及时入账；定期对账，确保账务信息真实完整；定期编制收支分析报告；定期进行资金盘点。

出纳执行：执行资金支付，合同备案。

收入管理：定期检查收入金额是否与合同约定相符；对应收未收项目查明情况，明确责任主体，落实催收责任；确保所有的收入均及时足额收缴到指定账户；由专人负责印章、印鉴保管并注意牵制；由专人负责票据保管。

审核：审核收入、资金使用申请金额、借款报销等单据合法性与有效性，采购合同要件真实性与完备性，竣工决算，等等。

稽核：复核批准后的货币资金支付申请。

3. 业务部门

执行：提出资金使用申请；按要求使用获批资金；编制执行进度表、执行情况明细表、支出事项管理报告等。

4. 内部审计、纪检监察部门

监督：定期抽查资金使用状况；对支出、产出和效果进行绩效考评，及时报告问题，提出改进意见。

（三）采购控制

1. 单位领导

决策：审批采购业务，大宗设备、物资或重大服务采购须集体决议。

监督：上级对下级的日常监督。

2. 财务部门

财务负责人执行：审核采购申请执行方案。

采购管理岗执行：审核采购需求部门申报资料；收集整理采购档案资料，管理采购合同备案；及时转发采购相关信息；汇总分析采购统计报表。

3. 采购部门

执行：组织采购工作（确定采购方式、编制采购方案、招标、联合业务部门验收等）。

4. 业务部门

执行：采购登记、确认采购文件、确认预中标结果、领取中标通知书、签订合同、联合采购部门验收采购物资、提出采购资金申请。

5. 内部审计、纪检监察部门

监督：监督采购过程。

（四）资产控制

1. 单位领导

决策：审批资产使用申请、资产处置申请、资产使用变更申请；重人的资产使用应集体决议。

监督：上级对下级的日常监督。

2. 财务部门（资产管理岗）

执行：审核资产处置申请、参与资产使用可行性研究论证、参与资产定期盘点。

3. 资产管理部门

执行：建立国有资产使用管理制度，负责资产日常管理工作；组织定期清查盘点；委托专业机构进行资产评估；界定、登记产权，调解产权纠纷；建立资产登记档案；按规定报送资产统计报告。

4. 业务部门

执行：提出资产使用申请、资产处置申请、资产使用变更申请；资产的使用与维护；定期报告资产使用状况。

5. 内部审计、纪检监察部门

监督：定期或不定期检查资产对外投资、出租、出借等，评价资产的使用效率、效果；对未遵守规定的资产决策者和使用者问责。

五、组织架构的三权分离

（一）三权分离的作用

所谓三权，是指事业单位经济活动过程中涉及的决策权、执行权和监督权。

三权分离要求单位在进行权力分配时有意识地将这三种权力归属到三个不同的机构，达到权力制衡的效果。

在事业单位中，将决策权、执行权、监督权三权分离是实现科学决策、有序执行和有效监督的基本保障。单位决策者客观地评估经济活动的风险，根据资源配置最优化的要求作出科学的决策，这一科学决策将起到从起点上控制和约束执行者的作用；单位执行者根据已有的决策进一步细化执行过程中的职责和权限，协调有序地执行决策，同时及时将执行情况反馈给决策者，以便实现决策的优化调整；单位监督者以独立于决策和执行的身份，对决策者是否作出了科学合理的资源配置决策、执行者是否严格执行已有决策进行监督，以便及时发现单位内部控制中存在的问题，促进单位完善内部控制体系。只有决策、执行、监督三权相互分离，才能起到有效制衡的效果。

（二）决策机制

事业单位决策一般由单位领导班子决定。单位领导班子成员由行政、党委和纪检的主要领导组成。这要求各单位领导班子充分发挥领导和管理作用，在决策前实现信息公开，决策中采用集体讨论的形式，决策后对效率和效果进行跟踪，实现决策的客观和高效。

事业单位决策机制应该包括三个方面的内容：第一，合理的决策议事制度，让每一个领导班子成员都能够充分行使职权，坚持决策的客观性，贯彻民主集中制，建立健全集体研究、专家论证和技术咨询相结合的议事决策机制。大额资金使用、大宗设备采购、基本建设等重大经济事项的内部决策，应当由单位领导班子集体研究决定，实施单位办公联席会议或者专项讨论会制度。第二，详尽的决策记录制度，让记录如实反映每一个领导班子成员的决策过程和意见。

在认真做好记录的基础上,要向每一位领导班子成员核实记录并签字,而且要及时归档。第三,可操作的决策问责制度,让决策的效果与相关人员的升迁降免挂钩。在此过程中,要正确处理集体决策和个人负责的关系,要建立健全责任追究制度,把责任具体落实到每个人身上,才能使决策得到严格的落实和贯彻。

(三)执行机制

事业单位决策的执行由具体的承办部门完成,通常涉及财会部门、预算管理部门、采购部门、资产管理部门等。

事业单位的执行机制应该包括三个方面的内容:第一,不相容岗位的分离及问责机制的落实,单位应当切实区分哪些岗位是不相容的,对各个岗位的职责权限应当明确化、具体化,并以岗位说明书、权限指引等呈现,使每个在岗人员清楚地意识到自身在内控体系中的位置和职责。第二,网络化立体控制。执行过程中不仅要有基于等级关系的纵向控制,如授权审批制度、内部报告制度等上下级之间的控制,还要有基于平行流程的横向牵制,某业务的执行往往需要多部门合作完成,如采购业务,由采购需求部门提出采购申请,单位采购小组负责招标投标事宜,由财会部门负责资金支付,各部门协调执行才能保证采购业务顺利完成。第三,以制度保障执行。单位制度具有刚性遵守的特征,它们详细规定了应当遵守的程序和相关的惩罚措施。制度规范执行是内部控制的重要原则之一。完善的制度使单位人员行为合规化,一方面提高了执行效率,另一方面克服了个人的固有缺陷,提高了组织的理性化程度。

(四)监督机制

内部监督是单位对内部控制建立与实施情况进行监督检查,评价内部控制的有效性,及时改进发现的内部控制缺陷。内部监督是实施内部控制的重要保证,是对内部控制的控制。内部监督处于内部控制五要素金字塔的顶端,它是针对内部控制其他要素的自上而下的单向检查,是对单位内部控制质量进行评价的过程。内部监督以内部环境为基础,以信息与沟通为支持,与风险评估、控制活动共同形成三位一体的闭环控制系统。

事业单位监督机制应当包括三个方面的内容:第一,单位内部审计监督。单位应当设置内部审计部门,并确保机构设置、人员配备和工作的独立性,负责对事业单位的预算执行情况、会计报告的编制和披露情况进行监督检查，是对内部管理控制、内部会计控制和财务控制的再监督。内部审计机构对监督检查中发现的内部控制缺陷，应当及时向单位领导班子进行报告。第二，单位纪检监察部门监督。党委纪检监察部门负责对党员进行监督，严格执行党的纪律，抓好党风廉政建设，坚决同腐败现象做斗争。监察机构负责监督检查国家行政机关和国家公务人员，保证政令畅通，促进监察对象正确履行职责，依法办事，廉洁奉公，恪尽职守，勤政高效地为人民服务。第三，上级主管部门监督。上级主管部门对本单位各项业务的内部控制情况进行总体监督。

六、组织架构的关键岗位责任制

关键岗位责任制是指事业单位结合本单位性质、预算类型、收支管理特点，并对内部控制目标实现有重要影响的关键性岗位，明确其岗位职责权限、人员分配，并按照规定的工作标准进行考核及奖惩。

实行事业单位关键岗位责任制的基本步骤及其主要内容如下。

（一）确定内部控制关键岗位

内部控制关键岗位有：预决算编制和绩效评价、资金收支管理、票据管理、印章管理、物资和固定资产的采购和管理、建设项目管理、债务管理、合同管理以及内部监督等。

（二）设置内部控制关键岗位

1. 职责与权限统一

制定组织结构图、岗（职）位说明书和权限指引等内部管理制度或相关文件，使权责明晰，同时应确保不相容岗位相互分离、制约和监督。

2. 才能与岗位统一

综合考虑经济活动的规模、复杂程度和管理模式等因素，确保人员具备与其工作岗位相适应的资质和能力；切实加强工作人员业务培训和职业道德教育，不断提升工作人员的知识技能和综合素质。

（三）管理内部控制关键岗位

1. 考核与奖惩统一

将考核作为奖惩的基本依据，论功行赏，依过处罚，使关键岗位责任制起到鼓励先进、激励后进、提高工作效率的作用。

2. 轮岗制度

实行内部控制关键岗位业务人员和部门负责人的轮岗制度；不具备轮岗条件的单位应当采取专项审计、部门互审等措施替代。

第二节 决策机制

一、风险评估制度

事业单位在实现单位目标的过程当中会受到内外部环境的影响，风险评估就是单位通过一定的技术手段找出那些影响战略目标实现的有利和不利因素，并对其存在的风险隐患进行定量和定性分析，从而确定相应的风险应对策略。它是实施内部控制的重要环节，是采取控制活动的根据。事业单位风险评估制度的建立步骤如下。

（一）确定风险评估制度实施主体

根据相关规范要求和单位实际情况成立风险评估工作小组，采取必要措施保证其工作的权威性、独立性和及时性。

（二）确定风险评估制度实现形式

建立经济活动风险定期评估机制，全面、系统、客观地评估经济活动中存在的风险；评估至少每年进行一次，如单位业务环境、经济活动规模、复杂程度或管理模式等发生重大变化时应及时进行重估。

（三）确定风险评估实施环节

1. 目标设定

使设定的内部控制实现目标与单位的风险承受能力一致。

2. 风险识别

结合本单位的目标设立辨认、分析和管理相关风险的机制，以了解单位所面临的来自内部和外部的各种不同的风险。就事业单位的经济活动风险识别来说，应重点关注以下几方面：内部管理制度不健全，业务流程不明晰，导致经济活动不合法、不合规；内部管理制度执行不到位，管控不力；内部控制关键岗位工作人员管理不善；预算编制不科学、执行不合规；违规截留收入、非法套取公共资金；等等。

3. 风险分析

结合各单位的特定条件（如单位性质、战略目标等），运用定量和定性的方法进一步分析风险发生的可能性和对单位目标实现的影响程度。

4. 风险应对

根据风险分析，运用现代科学技术知识和风险管理方面的理论和方法论证风险解决最优方案，其基本策略包括风险规避、风险降低、风险分担和风险承受四种。

（四）强化风险评估结果管理

风险评估结果应当形成书面报告，指出关键风险点，提出相应的内部控制措施和建议；评估书面报告完成后应当及时提交给单位领导班子，并归入档案保管。

二、专家论证制度

为优化决策、降低风险，更合理地进行有限资源的有效配置，事业单位应建立专家论证制度，即对业务或项目的可行性进行分析论证，并将论证结果作为决策的依据之一。事业单位专家论证制度的建立步骤如下。

（一）确定专家成员

1. 成员来源

根据具体情况，从单位自行调配有关人员组成专家组，或设立专职机构，或委托单位外的专业机构。

2. 成员结构

在知识结构方面，必须考虑为解决问题而需要的多重知识，同时必须考虑不同专家的利益立场，尽可能使受决策影响的各方都能有专家参与，从而通过相互制约获得平衡。

（二）确定制度建立的主要原则

1. 独立性

对某业务或项目进行专家论证时，应当客观，应就业务或项目本身进行可行性论证，不受其他影响论证客观性因素的干扰；专家应独立于决策者和执行者，弱化专家意见的主观倾向性，增强论证结果的科学性。

2. 有效性

为避免专家论证流于形式，应当通过程序的规范来防止专家论证被随意否定，即要求决策机构慎重处理论证专家的意见，除非特别且合理的理由，否则不得违反专家论证的结果。决策机构在最后决策过程中，如果不采纳专家的论证意见，必须说明理由，并允许论证专家陈述申辩；发生争议的，该争议也必须向公众公开，以征求更广泛的意见。

3. 责任性

专家论证对决策的最终敲定有着重要影响，专家应当对论证结果的合理性承担责任，避免无责论证引起敷衍了事的现象。

三、审核审批制度

审核审批是从决策到执行的重要环节，审核审批控制关系着财政资金的使用效率和效果，对控制目标的实现产生直接影响。事业单位应当根据权责对等原则建立分级授权审核审批制度。另外，应建立"三重一大"事项决策审批机制和会签制度。事业单位应当在各级单位实行集体决策审批制度，对重大决策、重大事项、重要人事任免及大额资金支付业务建立科学完善的集体决策机制，任何人不得单独进行决策或者擅自改变集体决策意见。完善的审核审批制度有助于明确相关人员的权利和义务，层层落实责任，层层把关，帮助单位最大限度地规避风险。

四、集体决策制度

事业单位对重大经济活动的决策应当实行集体决策制度。事业单位集体决策制度的建立步骤如下。

（一）决策成员

一般由单位领导班子组成，针对不同的决策事项，可机动地加入与具体决策事项相关的分管领导或专家。

（二）决策范围

大额资金使用、大宗设备采购、基本建设等重大经济事项。

（三）决策原则

1. 民主集中制原则
集体领导、民主集中、个别提案、会议决定。
2. 科学高效原则
在集体决策之前必须经过民主程序，加强调查研究，广泛听取意见，充分进行论证，实行科学决策，并提高决策效率。
3. 责任追究原则
坚持谁决策、谁负责，责任与过错相适应，确保权力正确行使，决策正确贯彻执行，防止权力失控、决策失误、行为失范。

（四）决策程序

提出集体决策申请→整理各决策方案→召开决策会议→进行决策→整理

决策会议记录及相关决策资料、备案。

（五）表决形式

口头、举手、记名或无记名投票；少数服从多数的原则；经出席会议的成员半数以上同意；等等。

第三节　执行机制

一、内部控制实施责任制度

内部控制实施责任制度明确了相关人员的内部控制组织实施职能及相应的责任。一般情况下，单位领导班子对单位内部控制的建立健全和有效实施承担总的责任；各级执行机构对内部控制的具体实施负责；内部审计、纪检监察等部门作为监督机构对内部控制的设计合理性、实施有效性以及存在的缺陷进行客观评价和监督。单位可以根据规范的要求和单位的实际情况设置或确定内部控制的职能部门或岗位，负责组织协调内部控制制度的建立、实施及日常工作。

内部控制责任制度要建立健全责任和绩效考核体系，将内部控制实施责任与干部升迁和奖惩相关联，实现内部控制的真正落地和广泛参与。

二、权责分工明确

事业单位组织层级内部控制要求单位在执行机制中要明确权责和职能分工，划分单位内设部门、下属单位，以及各个岗位的权力、责任和利益范围，实现权、责、利的对等分配。

在执行过程中，各执行部门、单位和岗位要根据授权审批原则明确其在组织层级内部控制中的地位和作用，按照分工履行各自的职能，将其权利与义务相匹配，权力和利益相联系，义务和利益相制衡。

业务层级内部控制要求各个业务单位对业务权限进行界定，各自分工，不能越权管理，同时还要注意业务部门之间的协同合作，提高运行效率，完成业务流程中各个内设部门、业务单位和岗位的配合。

三、控制制度体系化

控制制度体系化要求单位建立内部控制的标准和手段，明确各个控制活动的主要任务。

（一）不相容岗位相分离

简单来说，不相容岗位相分离控制是指单位经济业务的可行性研究与执行分离，决策审批与执行分离，执行与记录、监督分离，物资财产的保管与使用、记录分离。

事业单位的不相容岗位主要有：授权批准岗位、业务经办岗位、财产保管岗位、会计记录岗位和稽核检查岗位，这五种岗位之间应严格分离，不能混岗。

（二）内部授权审批控制

内部授权审批控制是指对审批的权限和级别进行规定，包括分级审批、分额度审批、逐项审批三种方式。

分级审批是指下级单位发生某经济行为时需要报上级单位审批的控制方式。该方式适用于对支出有统一规范的事项，如所有出国（境）经费统一由单位人事处审批。

分额度审批是指按照经济行为的发生额度，分别明确归属不同审批权限人审批的控制方式。如单笔支出金额在一定额度（如 3 万元）以下的支出事项，按照支出事项的性质，分别由办公室负责人、财务负责人审批；单笔支出金额在一定额度（如 3 万～ 10 万元）的支出事项，由分管财务的领导审批；单笔支出金额在一定额度（如 10 万～ 20 万元）的支出事项，经财务或分管财务领导出具审核意见后，提报单位领导审批；单笔支出金额超过一定额度（如 20 万元）的支出事项，提报单位办公会审议后，按照审议结果执行。

逐项审批是指按照经济行为的性质，由审批人逐项审批的控制方式。该方式主要适用于对项目支出事项及其他特殊性质事项的审批，如出国（境）经费统一由单位领导逐项审批。

（三）归口管理

归口管理是指明确支出事项的归口管理部门。该方式适用于支出事项由归口责任单位提出预算执行申请，且该预算也在本单位的支出事项之列，如水电费与行政印刷费归口办公室管理、培训费归口人事处管理等。

归口审核是指明确支出事项的归口审核部门，该方式适用于须提报相关专业部门审核后方能执行的支出事项，如会议费（业务）与交通费（燃油费、保险费、车船税、维修费）归口办公室审核、信息化项目支出归口信息中心审核等。

（四）预算控制

预算控制可以规范组织的目标和经济行为的过程，调整、修正管理行为与目标的偏差，保证各级目标、策略、政策和规划的实现。事业单位加强预算控制主要可以从以下五个方面展开：①扩大预算范围，力争将单位财务收支事项全部纳入预算，实行统一核算、统一管理，严格执行国库集中收付制度。②按照财政预算批复在单位进行内部预算批复，明确各预算指标的支出方向，设置预算指标的执行规则并遵照执行。③规范预算追加和调整的程序，预算调整必须经过严格的授权审批，保证预算的严肃性。④将预算管理与单位内部责任相结合，加大责任预算体系的控制力度，将组织收入、控制支出的权力与责任落实到岗位，落实到具体人员，各司其职，各负其责。⑤将资产保护控制与预算控制衔接起来，实现风险监控的实时性，做到资金分配使用到什么地方，风险控制就追踪到什么地方。

加强预算控制能够提高预算的透明度和管理水平，规范和制约事业单位的行为。有效的预算控制作为单位实施内部控制、防范风险的重要手段与措施，是单位实现发展战略和年度经营目标的有效方法和工具，有利于单位实现制约与激励目标，也可促进单位内部资源的优化配置，提高资金的使用效率。

（五）资产保护控制

资产保护控制的措施应该包括以下五项：①财产档案的建立和保管。单位应当建立财产档案，全面及时地反映单位资产的增减变动，以实现对单位资产的动态记录和管理；单位应该妥善保管涉及财产物资的各种文件资料，避免记录受损、被盗、被毁。由计算机处理、记录的文件要有备份，以防数据丢失。②限制接近。严格限制未经授权的人员与资产直接接触，只有经过授权批准的人员才能接触资产。限制接近包括限制与资产本身的接触和通过文件批准方式与资产使用或分配的间接接触。③盘点清查。单位应该定期或者不定期地对固定资产等实物进行盘点，对银行存款、库存现金进行清查核对，将盘点清查的结果与会计记录核对后，进行差异处理。④财产保险。单位可以根据实际情况，考虑对其重要或特殊的资产投保，使得单位可以在意外发生时通过保险获得补偿，减轻损失。⑤明确流程。对实物资产的领用、维修保养、出售以及报废的流程进行明确规定，以确保资产管理有章可循。

（六）会计控制

加强会计控制可从以下六个方面展开：①完善会计控制制度，确保内控方式、技术、手段等有章可循，特别要关注预算控制对会计控制的影响。②设置合理的会计岗位，确保各岗位权责明确、相互制衡。③提高单位会计人员的职业道德、业务水平，确保财务人员正确履行职责。④建立完善的会计处理程序、严格的核对制度，确保会计信息真实有效。⑤加强会计档案的保管控制和管理。⑥规范会计基础工作，明确会计凭证、会计账簿和会计报告的处理程序。

（七）单据控制

单据控制是指明确执行支出事项内部表单（单据），如事业单位公务接待审批单，须注明接待时间、地点、来宾人数、接待要求、经费合计等内容；差旅费表单签报，须明确出差地点、天数、人数、出差事由以及所对应的预算项目等内容；会议费表单和会务审批结算单应列明会议议题、议程、会期、地点、会议代表和工作人员数量及各项费用构成等内容。票据控制是指明确支出事项报销单据。从适用范围来看，单据控制可以分为内部单据控制和外部单据控制，分别对来自单位外部的发票等票据和内部来源表单进行控制，如差旅费报销单据要求提交住宿费发票（住宿费发票必须填写姓名、住宿起止日期等），不允许提供旅行社开具的发票、火车票、飞机票等。

（八）信息公开控制

各级事业单位应当建立健全本单位政务信息公开制度，并指定机构负责单位政务信息公开的日常工作，具体职责是：具体承办政务信息公开事宜；维护和更新政务信息；组织编制政务信息公开指南、政务信息公开目录和政务信息公开工作年度报告；对拟公开的政务信息进行保密审查；本单位规定的与政务信息公开有关的其他职责。

（九）信息技术控制

与信息技术相关的控制可以分为两种类型：一般控制和应用控制。一般控制包括以下四个方面：①数据中心运行控制（如工作计划、备份和恢复程序）；②系统软件控制（如操作系统的获取和实施）；③访问安全控制；④应用系统开发和维护控制（如个别计算机软件应用的取得和实施）。应用控制旨在控制数据处理，并有助于确保交易处理的完整性、准确性和有效性。应用控制也包括不同应用程序间的交互接口以及数据交换的方式。完善的信息技术控制有利于提高单位内部控制效率和效果，集中体现在以下五点：①信息化提高了信息的时效性和准确性；②信息化固化了业务流程，减少了人为因素的影响；③信息化提高了不相容职务分离控制的执行力；④信息化提高了授权审批控制效力；⑤信息化为单位提供了更加有利的沟通环境。信息技术是一把双刃剑，在有助于单位科学决策、加强管理、堵塞漏洞、降低风险的同时，也会带来一定的风险，比如：信息技术扩大了风险的范围；信息技术给传统的会计信息系统控制提出了新的要求，也带来新的风险；网络操作系统的漏洞和应用程序设计的瑕疵带来了一定的风险；不同类型事项的审批流程和跨组织审批业务的复杂性给授权审批控制带来了新的风险。

第四节　监督机制

一、日常监督制度

事业单位不能仅依赖于特定时间、特定部门、特定项目的监督，应将监督机制贯穿于日常经济活动中。单位在实施日常监督过程中，首先，要做到完善本单位的财务等内部监督制度，建立起单位领导班子对国家法律负责、财务会计人员等各主管人员对本单位领导班子负责的内部控制监督机制，从而根本上保障各项会计等相关信息的完整与真实；其次，要在财务会计人员进行常规会计核算的基础之上，对单位内部各岗位、各业务实施常规性和周期性的检查；最后，要以本单位的审计、纪检等部门为主体，建立起以防为主的内部监督机制，从而化解各类常规风险。

二、内部审计制度

内部审计制度是事业单位内部监督体系的重要组成部分。有效的内部审计制度可以及时发现并纠正内部控制缺陷，将事业单位的风险控制在可接受的范围内。内部审计是一项独立的、客观的确认和咨询活动，目的是改进单位的工作质量，提高工作效益。它通过系统化、规范化的方法，评价和改进单位控制和管理的效率。事业单位建立内部审计制度应当考虑以下两方面内容：①保证内部审计的独立性。内部审计部门的设置应独立于决策机构和执行机构；另外，内部审计机构的成员不应当参与与审计事项相关的决策或执行过程。②保证内部审计的权威性。内部审计机构成员应被授予足够的权力来公正、客观地开展审计工作，同时通过提升内部审计机构在组织架构中的层次来增强内部审计工作的权威性。

三、绩效考评制度

绩效考评是指事业单位运用特定的标准，采取科学的方法，对承担职责的各级管理人员工作成绩进行价值评价的过程。绩效考评的重点是全面、客观、公正、准确地考核领导干部政治业务素质和履行职责的情况，加强对领导干部的管理与监督、激励与约束。建立健全科学的绩效考评制度，是推进干部工作科学化、民主化、制度化的重要举措，对于建设有活力、有纪律的领导班子具有重要意义。另外，绩效考评可以和岗位责任制结合使用，充分发挥两者优势互补的作用。单位可建立起绩效考评机制，每年组织纪检、财务、审计人员，依据制定的考评实施细则对本单位、所属单位的内部控制建设和财务管理情况，尤其是内部控制的薄弱环节及容易产生损失的失控点进行跟踪检查。对于严格落实内控制度的单位，进行表扬和鼓励；对于内控制度不落实造成决策失误、保障不及时、供应不到位、开支不合理等问题的单位，坚持追究有关领导及相关人员的责任。确保财务管理规定、内部控制制度的高效落实。

四、党委纪检和监察制度

党委纪检和监察制度是事业单位内部控制区别于其他单位内部控制的重要方面，其具体职责如下。

（一）党委

组织性质：部门内部的共产党组织。

监管对象：党组织和党员。

主要职责：规划、领导、组织、管理事业单位的党务活动。具体包括对党员进行教育和管理，督促党员履行义务；做好事业单位干部职工的思想政治工作，了解、反映干部职工的意见；加强党内监督和党风廉政建设。

监督方式：以教育与学习、自检与互查结合方式为主。

（二）纪检

组织性质：党内纪律检查组织。

监管对象：党组织和党员。

主要职责：针对事业单位的党风和党纪，尤其是单位内部可能存在违法乱纪甚至是犯罪行为进行检查。

监督方式：要求事业单位定期汇报内部管理工作，尤其是提供内部控制执行情况和执行结果的书面报告。针对纪检监察部门在日常监督中发现的问题，视具体情况进行专项监督。

（三）监察

组织性质：对履职失职的对象进行监察的组织。

监管对象：国家行政机关和国家公务人员。

主要职责：依法监督检查监察对象是否履行职责，是否贯彻执行国家法律法规、决定、命令，查处违法失职行为。

监督方式：要求事业单位定期汇报内部管理工作，尤其是提供内部控制执行情况和执行结果的书面报告。针对纪检监察部门在日常监督中发现的问题，视具体情况进行专项监督。

第五节 协同机制

协同机制是事业单位组织层级内部控制设计的重点和关键环节，指事业单位在内部控制制衡原则的指导下，实现不相容岗位分离和三权分离，同时保持单位内设部门和二级单位、各业务流程和流程各环节之间的衔接和联系，加强协作，保证内部控制在分权的基础上充分高效地运行。协同机制集中体现在机构人员、业务流程和信息沟通等三个方面。

一、机构人员的协同机制

事业单位组织层级的协同机制设计是指为了实现业务流程内部控制，在组织机构和人员岗位上对业务流程进行总体优化。可以说，单位内设部门与二级单位的组织机构和人员的协同效应，是在单位组织机构职能的履行过程中体现的，也是在单位各业务流程中实现的，所以，单位机构人员的协同机制在组织层级中发挥着重要作用。

单位领导在组织层级协同机制中发挥带头作用，是单位内部控制建设和实施的总负责人，其职责是领导单位所有机构（包括内设部门和下级单位）和全体工作人员进行内部控制机制的设计，全面实施内部控制，制定内部控制的相关管理制度，设置所属机构的职责分工和工作机制，设计关键岗位的工作流程，评价内部控制的有效性和缺陷，形成内部控制评价报告。所属机构负责人要根据本部门的职责分工和内部控制机制，掌握内部控制的方法，全面实施内部控制制度。各部门应积极参与内部控制的建设、实施，并对本部门内部控制的有效性和缺陷进行评价，形成本部门的内部控制评价报告。全体工作人员应学习和掌握内部控制的理念和手段，领会单位领导和部门负责人的实施方案，明确关键岗位的职责分工，将内部控制建设转变为全体工作人员共同的任务，提高内部控制参与的广泛性和积极性。

二、业务流程的协同机制

事业单位内部控制是指通过业务流程的管控实现内部控制的目标，提升单位的管理水平，防范舞弊和腐败的滋生。一般来说，事业单位内部控制主要包括预算控制、资金收支控制、采购控制、工程项目控制、资产控制、合同控制等主要业务流程。这些业务流程构成了事业单位业务层级内部控制，并作为内部控制的主要控制措施。但是，这些业务流程之间有着非常紧密的联系，往往需要几个业务流程相互配合、相互验证和相互监督，才能完成内部控制的目标。本书在事业单位业务层级内部控制中对各个业务流程进行了分别论述，也从整体上对各个业务流程之间的关系进行了梳理，阐述了业务流程之间的协同机制。

（一）预算控制

预算控制作为事业单位普遍使用的主要内部控制手段，是对资金收入和使用计划的管理，是资金收支控制的基础。由于事业单位的特殊属性，其资金来源大部分为财政资金，单位掌握了大量的公共资金、公共资源和国有资产，具有非营利性，因此资金使用的合规性和有效性成为单位内部控制的主要目标。预算控制作为保证资金收入和使用的合规性、效率性和科学性的有效方法，按照以前年度的预算编制和执行情况，编制本年度的全部资金收入和支出预算，并作为预算执行和绩效考核的基准，是其他业务的起点和依据，也是对其他业务流程执行效果的检验和考评，因此发挥着内部控制主线的作用。

（二）资金收支控制

资金收支控制是在预算控制的指导和监督下，在实际资金收入和支出环节对收入和支出事项进行具体事务审批、科目审核和资金支付审核。资金收支控制是预算批复中批复规则在执行过程中的实际应用，同时，资金收支控制对象是除预算控制之外的其他业务流程的实际资金支出的审批和支付环节，除了预算控制和会计控制，其他业务流程都会涉及资金支付环节。

（三）采购控制

采购控制是一种特殊的商品和服务购买的方式，是按照预算批复的结果，对列入政府采购和单位自行采购的支出计划进行控制。采购控制是指通过预算控制，严格对采购支出计划实行预算管理，并根据预算进行采购资金支付。采购合同签订后，采购进入合同控制阶段，将前期预算编制和采购计划转变为具有法律效力的合同，并按照合同进行资金支付、组织验收与合同备案等。在资金支付过程中，采购进入资金支出控制流程，符合资金支出控制的一般程序和方法。采购形成的资产则进入资产控制业务流程。

（四）工程项目控制

工程项目控制应按照预算批复结果进行工程前期论证，需要购买工程商品或服务的则通过工程类采购控制流程进行管理，同时结合合同控制制度对工程项目各个阶段进行规定和监督，最后形成单位资产，进入资产控制环节。

（五）资产控制

资产的形成在事业单位可以分为自建工程转固和自行购置两种。自建工程转固应与单位预算控制、采购控制、工程项目控制和合同控制相关联；而自行购置则应对照单位预算批复中的资产采购计划，按照单位资产购置的标准进行资产采购，通过合同控制形成单位资产。资产控制过程中要明确资产的使用规则和处置标准，实现资产的安全和有效使用。

（六）合同控制

合同控制是指按照单位预算控制的内容，将单位商品和服务采购计划及工程项目计划通过法律合同的形式进行规范化和程序化，大多数合同最终形成单位资产，转入资产控制业务。单位对合同订立、履行和档案管理的重视，可以提高单位预算控制和采购控制的效率和效果，避免单位承担相应的法律风险。

三、信息沟通的协同机制

事业单位信息沟通的协同机制主要包括用于单位内部决策和考评的管理信息和用于内部与外部披露的财务信息。

（一）管理信息

管理信息是指事业单位为满足领导层的决策管理需要而编制的反映事业单位财务状况、预算资金使用情况和运行管理状况的经济信息。管理信息通过正式的信息沟通方式向组织成员传达信息，与领导层决策相联系，为领导层提供决策、控制、评价、沟通所需要的各种信息，帮助领导层制订与战略目标保持一致的决策方案；或者促使会计控制和管理控制的有效运作；或者为分析预算的执行情况或分析财政资金的使用效率和效果提供重要的信息基础。因此，管理信息的最大作用是将内部控制的相关信息整合成符合内部管理需求的信息，有效提高信息沟通的效率和效果。例如，就预算而言，单位财务处每个月根据预算台账与会计账进行核对，编制财务报表、预算执行情况表、预算分析表，分别同会计账簿和报表比较，将预算执行情况与预算进行对照，找出差异，分析原因，定期编制预算分析报告，逐级呈报领导批示，及时发现和纠正存在的问题，为科学的预算决策提供支持。就收支管理而言，会计处预算岗和会计岗对经费收支情况进行汇总分析，按要求定期编制分析报告，及时、有效地反映经费收支管理可能存在的风险，为领导层决策提供参考。单位还可以根据需要建立定期分析报告机制，如资产评估报告等。

（二）财务信息

财务信息指由事业单位财会部门编制的反映单位某一特定日期财务状况和某一会计期间业务活动情况和预算执行结果的经济信息。财务报告包括会计报表和财务情况说明书，会计报表应当包括资产负债表、收入支出表等报表。规范的财务报告制度需要有效的会计控制来支撑，而真实可靠的财务报告不仅是领导层决策的重要参考依据，同时也因其客观、公正地反映单位经济活动整体状况，起到了真实反映单位整体内部控制执行情况，完善单位内部控制的作用。

单位财务信息的重点在于保证财务报告信息的真实、准确、完整，财务报告的编制由单位财会部门负责，因此单位首先应强化会计控制。由于事业单位的会计控制要和预算控制相匹配，这也是其区别于其他单位的特殊控制活动，因此，事业单位会计控制不仅要满足行政单位会计制度的要求，还要满足预算管理的要求。

单位财务信息不但要满足单位管理的需要，还要作为单位的信息产品对外披露，满足上级单位、外部监管部门、新闻媒体和社会公众对信息的需求。

第六节　评价监督机制

内部控制评价与监督，是指单位定期或不定期对单位层面和业务层面等内部管理机制的建立和执行情况、内部控制关键岗位及人员的设置情况等，进行内部监督检查和自我评价，及时发现内部控制存在的问题并提出改进建议的过程。内部控制评价与监督一般包括两个部分：①内控自我评价，是由单位自行组织，对单位内部控制建立与实施的有效性进行评价，目的是指出内部控制存在的问题或缺陷，提出整改意见，出具评价报告。②内部监督，是单位内控监督机构对单位内部控制的建立与实施情况进行监督检查，对发现的问题或缺陷提出意见，形成监督检查记录或报告。

一、内部评价与监督的组织

事业单位应当结合内部机构设置情况，合理确定内部评价与监督组织和岗位，主要包括评价与监督牵头部门、内部评价与监督工作小组和被评价与监督部门。

（一）组织职责

1. 评价与监督牵头部门

评价与监督牵头部门，是单位内部评价与监督的具体组织落实部门，在单位内控领导小组的指导下开展具体工作。评价与监督牵头部门一般设置在纪检、审计或行政等部门，并与内部控制的建立和实施保持相对独立，不能与单位内控建设牵头部门设在同一部门。

没有纪检、审计等相关部门且内设机构相对较少的单位，可设置内控评价与监督岗位，向单位内控领导小组负责，履行单位内控评价与监督相关职责。单位内控监督岗位人员不得负责内部控制的建立和实施相关工作，以确保相关岗位人员相对独立。

评价与监督牵头部门职责如下：①建立健全单位内控监督检查机制并独立运行，向单位内控领导小组负责。②牵头组织开展单位内部控制建立、执行及有效性等相关检查与评估，确保本单位内控体系的建立健全和有效执行。③组织建立和完善单位内控评价与监督的内容和指标，编制内控评价与监督工作方案，提交单位内控领导小组审议。④下发评价与监督相关工作要求。⑤组织实施并指导相关部门开展具体评价与监督工作。⑥对检查评估发现的问题和风险，及时组织相关科室进行研究,提出处理意见或建议。⑦组织编制评价与监督相关报告,并向内控领导小组汇报。⑧督促相关部门落实内控评价与监督整改要求。⑨配合主管部门和外部监督、审计机构完成内控评价与检查相关工作,对相关问题提出解决方案并配合督促落实。⑩做好内部控制评价与监督其他相关工作。

2. 内部评价与监督工作小组

内部评价与监督工作小组,是单位内部控制评价与监督的临时工作机构,通常内控评价与监督小组包含单位纪检、内审、行政办公、人事、财务、资产及单位主要业务部门,主要职责如下:①拟定单位内部控制评价与监督相关工作方案;②按照工作方案要求实施内控评价与监督相关工作并编制相关工作底稿;③审议认定单位内部控制评价与监督相关结果;④协助编制内控评价与监督工作报告;⑤向内控领导小组汇报内控评价与监督情况;⑥督促和检查单位内控相关问题整改落实情况;⑦执行和落实单位内控领导小组相关评价与监督工作的决议。

3. 被评价与监督部门

被评价与监督部门,是内控评价与监督的具体对象,负责配合开展相关评价与监督工作,贯彻落实评价与监督整改相关要求。主要职责包括:①按单位内控制度要求做好部门业务的日常管理与监督;②按评价与监督工作要求,开展本部门评价与监督工作;③配合评价与监督部门开展本部门及归口业务的评价与监督相关工作,提供真实、可靠、完整和有效的资料;④及时向内控评价与监督部门反映本部门在内控制度执行中的问题,并提出改进意见;⑤负责具体落实涉及本部门的内部控制整改方案要求,并反馈整改情况和意见;⑥做好部门内部控制评价与监督的其他相关工作。

（二）组织要求

原则上,单位内控自我评价工作每年开展一次全面评价工作,确定每年评价工作基准日和完成评价时间,并出具内部控制评价报告。例如:以每年12月31日作为评价报告的基准日,于次年6月30日前完成评价,并出具内部控制评价报告。

单位内部监督一般包括日常监督和专项监督,日常监督贯穿于单位内部日常业务活动管控,专项监督主要以内部控制审计、专项审计、专项检查等形式进行，也可结合其他审计或相关检查灵活开展工作。单位内控评价与监督部门每年应编制单位内部控制监督检查工作计划，明确日常监督要求，确定专项监督检查的时间、内容、形式和组织计划等，如支出专项检查、政府采购专项检查、关键岗位执行情况检查、内控信息系统执行情况检查等。

内部控制评价与监督工作由单位评价与监督牵头部门具体实施，也可以根据需要委托具备良好资质和信誉的中介服务机构承担。

单位应积极主动地接受行政主管部门和财政、审计、巡视、纪检监察等外部相关机构组织的内部控制检查工作，真实、全面地反映单位内部控制建设和执行情况。

二、内部评价与监督的步骤

（一）制订工作方案

内控评价与监督牵头部门应根据单位评价与监督制度、单位年度评价与监督工作计划及单位实际情况，结合外部监督检查要求，编制单位内控评价或监督检查工作方案，并报送单位评价与监督小组审议，经单位内控领导小组审批后实施。工作方案应当明确内控评价与监督的组织形式、工作范围、任务构成、人员安排、时间计划、费用预算、工作机制等具体工作要求。

（二）组织工作会议

评价与监督牵头部门根据工作方案要求，组织评价与监督工作小组编制评价与监督工作底稿，如调查问卷、访谈问卷、评价指标、检查说明、报告样例等，明确评价与监督具体内容和操作要求等。组织单位相关部门召开评价与监督工作动员和培训会议，宣传贯彻工作方案整体要求；并对内控评价与监督工作相关部门及人员进行培训，确保相关部门和人员明确工作职责和具体工作的操作要求。

（三）实施评价与监督检查

各参与部门和人员根据评价与监督工作方案要求，组织开展具体的现场评价和监督检查工作；工作组成员对本部门的内部控制评价与检查工作应当实行回避制度。具体实施人员应根据工作方案的要求，综合运用调查问卷、专题讨论、个别访谈、抽样分析、穿行测试、实地查验等方法，充分收集单位内部控制设计和执行的相关材料，按照评价的具体内容要求，形成评价与监督工作底稿，详细记录评价与监督工作的具体人员、时间、样本说明、评价内容、评价结果、风险点及控制措施等。

各实施人员应根据职责范围要求，与被评价部门负责人、业务归口管理人、流程负责人及时进行沟通，对初步评价或检查发现的问题进行认定。并与相关部门一起研究分析内部控制风险点或缺陷，说明内部控制风险点或缺陷形成的原因等。对于内部控制机制缺陷处理需要注意以下几点：①对存在的内控体系设计缺陷，相关职能部门应按评价监督工作小组提出的整改建议，对内控制度体系和相关制度进行修订；②评价监督工作小组对存在的内控体系运行缺陷，应当及时下发整改通知，督促相关职能部门采取整改措施，确保将风险控制在可承受范围之内，并对整改方案的落实情况进行持续跟踪及反馈；③对评价过程中发现的重大缺陷，应及时向单位内控领导小组汇报并进行处理。实施评价与监督检查后，需要整理和记录相关检查资料，按工作底稿要求有效记录并整理评价与监督过程资料。

（四）编制评价与监督报告

评价与监督检查现场工作完成后，实施人员应及时汇总各相关人员评价与监督过程资料，汇总评价结果和缺陷认定结果；针对相关问题和缺陷，针对发现的不足和控制缺陷，提出有效的管理优化和改进建议，编制工作报告。评价与监督工作应作到内容真实可靠，具有逻辑性，并能够完整地表达工作小组的观点，评价与监督工作小组应及时、充分地沟通和评议，并在评价与检查工作结束后及时（如 10 个工作日）出具评价与监督报告初稿。

评价与监督工作报告的内容一般包括：①内控领导小组对内部控制真实性的声明；②内部控制评价与监督工作的总体情况；③内部控制评价与监督检查的依据；④内部控制评价与监督的具体范围；⑤内部控制评价与监督的程序和方法；⑥内部控制缺陷及认定情况；⑦内部控制缺陷的整改情况及对重大缺陷的应对措施；⑧内部控制建立与实施有效性的结论。

（五）提交评价与监督报告

内部控制评价与监督工作报告初稿编制后,应提交单位评价与监督工作分管领导,同时向被检查部门负责人及流程负责人征求意见,并限期回复。根据被检查部门负责人、流程负责人的回复意见,以及单位分管领导的意见,正式报送单位内控领导小组审议,根据审议结果正式签发报告。

在实施内部控制评价与监督过程中建立的工作底稿,应详细记录评价与监督检查内容和证明材料,通过进行交叉复核、分类编号等手段,确保实施过程的规范性、客观性。实施工作结束后,评价与监督牵头部门应妥善保管内部控制评价的工作底稿、证明材料和有关的文件资料等,评价与监督工作报告及相应的工作底稿应一并报档案管理部门存档。

（六）结果应用

内部控制评价监督结果运用主要包括整改落实与后续监督、内控评价考核两个方面。

1. 整改落实与后续监督

被检查部门应根据评价与监督报告相关要求,进一步细化本部门改进措施,制订切实可行的整改计划,确保评价与监督报告的严肃性。

为促进内控体系的执行落实,监督部门应对评价与监督工作中发现的缺陷、提出的改进建议落实情况进行跟踪检查,以确保整改措施和改进建议落实。检查的主要工作包括:①以整改措施建议和被检查部室/流程负责人行动计划为参照,对整改处室进行现场确认和检查;②对于重大的内控缺陷,采用面谈、直接观察、测试及检查纠正措施的记录文件等方法,实施现场跟踪检查与监督;③在经过讨论、澄清及现场跟踪检查与评价等必要程序后,监督检查人员对相关风险进行再评估;④监督检查人员根据检查情况,编制后续检查报告,向单位内控领导小组提交审议。

2. 内控评价考核

内部控制评价考核是推动单位各部门落实内部控制责任、推动持续改进或优化管理的重要手段。单位应把内控评价结果和后续监督结果纳入对相关部门或人员的绩效考核,单位行政部门应当与内控评价与监督牵头部门、内控建设牵头部门制定具体的考核办法。

三、单位层面和业务层面评价内容和方法

（一）单位层面评价内容和方法

单位层面内部控制评价，应包含单位内部控制组织、内部控制机制、内部控制信息系统、内控评价与监督等方面。单位层面内部控制评价主要包括单位层面内控环境、相关机制的建立健全和有效运行情况，主要采用个别访谈、实地检查、穿行测试等方法，获取充分、可靠、相关、全面的证据资料，对单位层面内部控制进行评价。

1. 内部控制组织评价

（1）内控领导小组

具体评价内容：单位是否成立内部控制领导小组；成立的内控领导小组是否符合要求（单位主要负责人是否为组长，领导小组成员构成和职责是否明确，领导小组运行方式是否明确）；单位内控领导小组是否有效领导内控工作（是否组织召开领导小组会议，是否对单位年度内控工作进行部署安排，是否审议单位内控相关工作计划，是否审议单位评价与监督工作报告，是否审议重大风险事件应对措施等）。

主要评价方法：实地检查单位内控领导小组成立文件，查看相关内容是否符合要求；实地检查单位领导小组工作会议记录，查看单位会议内容是否包括单位年度内控工作计划、评价与监督工作报告、审议重大风险控制措施建议、制度流程的重要修订等。

（2）单位主要负责人

具体评价内容：单位主要负责人是否明确内控工作职责分工；单位主要负责人是否主持制定单位内控建设工作方案；单位内控工作方案是否具体可行；单位主要负责人是否明确内控工作汇报及沟通协调机制；单位主要负责人内控沟通协调工作是否落实执行等。

主要评价方法：实地检查单位内控领导职责分工文件；查阅单位内控工作方案，方案内容是否明确具体，核对工作方案执行情况；查阅单位沟通协调相

关文件和记录等。

（3）内控工作小组

具体评价内容：单位是否明确内部控制牵头部门及职责要求；工作小组构成及成员职责分工是否明确；是否建立工作协调联动机制；是否组织召开内控工作小组会议；是否开展内部控制专题培训；是否开展内控风险评估；风险评估内容是否全面覆盖；风险评估结果是否得到有效运用等。

主要评价方法：检查单位内控工作小组职责分工文件，牵头部门和成员职责要求是否明确，工作机制是否具体可行；检查工作小组会议机制，查阅内控工作通知、会议记录和会议决策跟踪等文件资料；检查风险评估机制，查阅风险评估报告及内容全面性、完整性，查阅风险评估报告决议等相关记录。

2. 内部控制机制评价

（1）具体评价内容

业务活动和内部权力运行活动的决策、执行、监督，是否明确分工、相互分离、分别行权；汇报路线以及权力和责任分配是否合理有效；内部职责明晰情况，重点领域的关键岗位，是否建立领导权力清单、部门职责清单和岗位责任清单；对管理层级和相关岗位是否分别授权，明确授权范围、授权对象、授权期限、授权与行权责任、一般授权与特殊授权界限；单位是否建立明晰的"三重一大"制度，"三重一大"事项的范围和内容是否明确、决策程序和要求是否清晰等；重大行政决策事项，是否实施公众参与、专家论证、风险评估、合法性审查和集体讨论决定五个法定程序。

（2）主要评价方法

实地检查单位组织职能分工情况、"三权分离"相关制度和实际运行情况；实地检查单位领导、部门和重要岗位的权力责任清单，抽查权力运行的实际业务审批范围和审批程序是否一致；实地检查单位分级授权制度和汇报线路，核对制度内容是否完整明确，授权是否合规、有效，抽查分级授权业务的相关单据是否与制度一致；检查单位"三重一大"制度、查阅制度要求是否清晰、完整，抽查单位"三重一大"事项的决策记录文件，核对具体执行是否规范；检查重大行政决策事项决策机制，实际检查重大决策事项执行记录文档，核对决策程序是否合法，是否有效运用集体研究、专家论证和技术咨询相结合的议事决策机制。

3. 风险评估的评价

（1）具体评价内容

单位是否建立风险评估制度，风险评估机制内容和要求是否明确完整，风险评估工作是否按制度要求有序组织和开展；单位各项业务控制目标设定的全面性、合理性、有效性；单位风险识别和分析，以及评估内容是否全面，评估识别程序是否对风险潜在的重要性进行评估以及确定潜在的风险应对措施；单位风险应对措施是否覆盖主要风险，控制措施是否可行；风险评估报告内容是否完整、审核发布程序是否规范，风险评估报告是否有效利用。

（2）主要评价方法

查阅单位风险评估制度，核对评估程序、人员构成、岗位职责、评估内容、评估范围、时间要求、评估程序等相关内容要求是否完整、明确，是否符合规范要求；实际检查单位风险评估工作组织开展文件、方案及相关资料是否与单位风险评估制度一致；检查单位控制目标设定程序记录文件，目标设定程序是否规范，是否与外部政策要求一致；检查控制目标设定是否全面，目标之间是否实现关联且与外部政策一致。根据风险识别程序和过程记录文件资料，评价风险识别的全面性；检查风险评估报告及过程文件和控制措施执行文件，重要风险是否建立控制措施，风险控制措施是否可行；检查风险评估报告内容和审批记录文件，核对报告内容是否完整，审批程序是否规范，相关整改工作是否得到有效推进。

4. 内控信息系统评价

（1）具体评价内容

单位是否建立信息系统建设归口管理制度；单位是否建立内部控制信息系统，系统是否对业务活动实现全覆盖，是否嵌入业务活动控制流程、控制措施设置等控制要求；单位内控系统业务模块之间是否实现关联业务的系统衔接共享，是否与会计核算系统相互衔接；系统数据安全机制是否健全、安全防护手段是否有效。

（2）主要评价方法

检查单位信息系统归口制度文件，核对归口部门内控信息化相关职责和执行记录文件；实地检查单位内控信息系统规划方案、实施方案等，建设方案是否符合国家和地方系统建设规划，是否考虑了单位外部关联系统，建设内容是否覆盖单位业务活动各流程;抽样核对内控信息系统业务流程运行单据及相关原始资料,检查系统业务流程单据和管控要求与单位内控制度要求的一致性;抽查不同业务领域之间业务的系统衔接单据,核对衔接业务在不同业务模块或子系统之间数据的共享和一致性;实地检查内控系统与核算系统的互联互通,正向(业务单据查看对应核算凭证)和逆向(核算凭证查看对应内控系统业务单据)抽取一定样本单据,核对业务数据和核算数据的一致性、完整性和及时性;检查单位系统管理相关安全制度,如网络安全制度、数据备份制度、账号管理和系统授权管理制度等相关制度,核对相关制度是否完善,查看单位相应的安全制度执行情况和数据防护记录文件等。

5. 内控评价与监督

(1)具体评价内容

单位是否建立内部控制评价与监督机制,是否明确牵头部门及相关职责要求,是否明确评价与监督工作的具体方法、范围和时间要求等;是否有效检查单位层面、业务层面内部管理机制的建立和执行情况、内部控制关键岗位及人员的设置情况等;单位内控评价与监督结果是否适当审批和有效运用。

(2)主要评价方法

检查单位内控评价与监督制度文件,核对牵头部门及相关岗位职责要求是否明确,评价与监督要求是否具体;检查单位内控评价与监督具体工作方案和过程记录资料,核对评价组织和内容是否完整,过程管理资料是否规范,报告或专项检查报告结构是否完整,覆盖是否全面,报告审核审批是否与制度一致;检查单位内控整改方案或相关通知要求,整改执行记录或整改汇报材料等,核对单位内控整改是否得到执行。

(二)业务层面评价内容和方法

业务层面内部控制评价,应包含预算业务、收入业务、支出业务、债务业务、政府采购业务、货币资金管理业务、实物资产与无形资产管理业务、对外投资管理业务、建设项目业务、合同管理业务等经济业务,并根据单位业务实际和重要性原则,对其他重要的经济活动或业务进行必要的评价。

业务层面内部控制评价主要内容,包括各项业务关键岗位设置情况、制度和流程设计的合理性和执行的有效性,主要采用资料查阅、个别访谈、调研问卷、穿行测试、实地检查、抽样等方法进行，获取充分、可靠、相关、全面的证据资料，对业务层面内部控制制度进行评价。

1. 内控关键岗位责任制评价

（1）具体评价内容

单位是否建立健全预算管理、收支管理、政府采购管理、资产管理、建设项目管理、合同管理以及内部监督等业务活动的关键岗位责任制；单位是否明确岗位职责分工，是否明确工作人员应当具备的资格和员工能力要求；确保不相容岗位相互分离、相互制约和相互监督；单位是否建立内部控制关键岗位工作人员的轮岗制度、明确轮岗周期，不具备轮岗条件的单位是否采取专项审计等控制措施；单位是否建立内控关键岗位工作人员业务培训和职业道德教育机制，并落实执行，以不断提升其业务水平和综合素质。

（2）主要评价方法

检查单位预算管理、收支管理、政府采购管理、资产管理、建设项目管理、合同管理以及内部监督等经济活动关键岗位责任制度和岗位职责说明书等，核查岗位职责及分工是否明确、岗位任职资格和能力要求是否清晰；实地检查各岗位分配的人员是否满足任职资格和能力要求，人员职能职责分配是否满足不相容岗位要求，相应人员是否按岗位职责要求履行相应岗位职能要求；检查单位轮岗制度和专项审计文件，实地检查单位轮岗记录或专项审计文件；检查单位关键岗位人员业务培训和职业道德教育制度文件，核对培训会议通知、培训文档、培训记录等。

2. 制度、流程建立的完整性和合理性

（1）具体评价内容

制度、流程设计的完整性和合理性，主要包括单位是否建立健全制度流程，建立的制度流程是否全面，建立的制度流程是否规范合理。主要检查是否建立了各项业务活动的内控制度和流程；是否编制完整清晰的业务流程，流程步骤岗位职责要求、岗位分工是否明确；建立的内控制度和流程是否涵盖了单位业务重点问题及重点风险，各关键控制点管控要求是否能有效防范或降低风险。

（2）主要评价方法

制度、流程设计的合理性可综合采用资料查阅、调研问卷、个别访谈等方法进行评价，检查各项经济活动的制度、流程及相关文档，核对关键控制环节是否建立内控制度、是否建立清晰明确的业务流程、关键点控制要求是否能防范或降低风险。

3. 制度、流程执行的一致性和有效性

（1）具体评价内容

制度、流程执行的一致性和有效性，主要包含单位各项业务执行是否按制度要求、流程步骤执行，是否符合关键点控制要求，是否有效防范或降低了此业务环节风险。

（2）主要评价方法

制度、流程执行的一致性和有效性可综合运用抽样、穿行测试、实地检查、个别访谈等方法进行评价，以单位各项业务的风险控制矩阵为参考，抽取一定比例的各业务流程实际执行的控制单据及过程文档材料进行穿行测试或实地检查，核对各关键环节的业务活动是否按制度流程规范执行、各项步骤执行情况是否符合关键点控制要求、是否有效防范或降低了此业务环节风险。

第七节　有效性评价体系

一、事业单位内部控制有效性评价体系的基本框架

（一）评价的目标及原则

事业单位内部控制有效性评价目标和原则是整个内部控制评价工作开展的方向和指导思想，是内部控制有效性评价体系的首要要素。因此在进行内部控制有效性评价之前，有必要对其进行明确和理解。

1. 评价目标

内部控制有效性评价目标由促使内部控制评价产生的不同方面需求决定：它既可以是出于审计的需要，对影响财务报表可靠性的内部控制进行评价，以

此来合理确定审计程序，提高审计效率，保证审计质量；也可以是出于管理的需要，对事业单位的整个内部控制系统进行全面评价，以促进事业单位经营管理活动的有效实施和战略目标的顺利实现。

事实上，事业单位内部控制有效性评价目标与内部控制目标是一致的。因为，完善内部控制系统，实现内部控制系统的有效性是实施内部控制有效性评价的最终目的，从这一角度分析，事业单位内部控制有效性评价就是对内部控制的再控制，最终是为了帮助事业单位提高资金运营效率和效果，实现其发展战略，并减少管理过程中的风险。

2. 评价原则

依据企业内部控制评价指引规定，结合实际情况，事业单位实施内部控制有效性评价时应遵循以下原则：①风险导向原则。事业单位内部控制有效性评价应当在风险评估的基础上加以实施，根据发生风险的概率和影响事业单位控制目标实现的重要性来选择评价的内容。②可比性原则。事业单位内部控制有效性评价应当采用统一的评价方法和评价标准，以保证评价结果的可比性。③公允性原则。事业单位内部控制有效性评价应当以事实为依据，且有充分适当的证据来支持其评价结果。④独立性原则。事业单位内部控制有效性评价工作的组织实施应当保持相应的独立性。⑤成本效益原则。在实现事业单位内部控制科学有效的评价过程中，应当合理控制成本费用，实现成本费用的最小化。

（二）评价的主体与客体

内部控制有效性评价的主体和客体是内部控制评价行为中的实施者和被实施者，是不可分割的两个部分，也是评价体系中的一个关键要素。

1. 评价的主体

内部控制评价分为内部评价和外部评价，内部评价主要是内部自我评价，外部评价主要包括外部审计和政府审计，其中，外部审计的主体是外部注册会计师，政府审计的主体是各个政府监管部门。当前，事业单位内部控制有效性评价主要是指内部自我评价，评价主体是单位主要负责人或各部门主管人员等。

2. 评价的客体

事业单位内部控制有效性评价的客体，即评价的对象，主要解决"是什么"的问题。本书将事业单位内部控制有效性评价的客体界定为内部控制设计的完整性和执行的有效性。内部控制设计的完整性是指为实现控制目标所需的内部控制制度都存在并且设计恰当；内部控制执行的有效性是指在内部控制设计完整的前提下，内部控制能够按照设计的内部控制程序得到正确快速的执行。

（三）评价的标准

评价标准是对评价客体进行分析评判的标准。事业单位内部控制有效性评价标准可分为一般标准和具体标准。

1. 一般标准

事业单位内部控制有效性评价的一般标准，是指适用于评价内部控制各个方面有效性的标准，也是内部控制系统运行需要达到的目标。主要包括内部控制的完整性、合理性和有效性三个标准。

2. 具体标准

事业单位内部控制有效性评价的具体标准，是指适用于评价内部控制具体方面的标准，包括要素和业务两个层次标准。具体标准以一般标准为基础，一般标准又需要具体标准加以体现。在实际工作中，要先从操作性较强的具体标准入手，在充分了解和认识各项内部控制设计和执行情况的基础上，再从整体上来判断内部控制的完整性、合理性和有效性。

（四）评价的程序

不同的评价主体在开展内部控制有效性评价工作时的操作程序有所差异。事业单位进行内部控制有效性评价的评价主体主要是单位内部人员，所以，具体的评价程序分为以下四个步骤：

1. 评价准备阶段

在准备阶段，先要成立评价工作小组，评价工作小组通过各种渠道了解、收集被评价对象的所有信息，然后制订具体评价实施方案。在实施方案中需要明确指出本次评价的目标、范围、原则、标准、方法、时间和相应的预算费用等。

2. 评价实施阶段

在实施阶段，评价工作可以按如下步骤进行：①评价小组成员针对被评价单位管理人员所关注的主要问题，了解被评价单位的组织结构、内部控制变化等方面内容。②评价小组成员需要依据控制目标对控制活动进行细化，再对细化后的控制活动进行必要的测试，以获取内部控制有效性相关的充分可靠的证据，并将这些证据详细地记录于书面上。③评价小组成员根据掌握的内部控制的有效性证据和相关的工作经验对评价风险进行评估。

3. 根据内控测试结果，进行内部控制有效性评价

在了解和测试内部控制的基础上，构建内部控制有效性评价体系，选取具体的评价指标，并选定合适的评价方法对内部控制设计完整性和执行有效性进行恰当评价。

4. 评价结果反馈

评价工作小组根据评价实施情况以及评价结果和分析，撰写详细评价报告。在评价报告中，除了需要对单位内部控制现状以及等级水平进行总体描述外，还需要关注以下几个方面：①提请单位主要负责人注意内部控制测试以及风险评估过程中发现的那些内控薄弱环节或缺陷，及时采取措施对其进行纠正和改进。②针对已经识别和评估的内部控制现状，制定可操作性强的内部控制优化方案。

（五）评价的方法

在内部控制有效性评价方法的选择上，本节主要介绍了专家咨询法、调查问卷法、穿行测试法、层次分析法和模糊综合评价法。

1. 专家咨询法

专家咨询法是指利用专家掌握的某一专业领域的知识和经验，通过意见咨询或其他方式向其请教所要研究的问题，从而获取研究问题的相关信息。这种方法主要包括口头和书面征询（问卷、访谈等）、收集专家们对所研究问题的书面结论、召开"圆桌"会议等形式。

2. 调查问卷法

调查问卷法也称为"书面调查法"或"填表法"，是一种以书面形式来间接收集研究对象信息的调查手段，通常的做法是：设计调查问卷表，并将问卷表发放于被调查单位，根据调查结果对调查对象进行相关评价。该方法适用于了解被调查单位总体的基本情况。

3. 穿行测试法

穿行测试法是指内部控制评价小组人员从事业单位内部控制流程中任意

选择一项控制活动作为样本，并动态追踪该项控制活动的全过程，以此来了解事业单位控制措施设计和执行的有效性，识别出控制的关键点。

4. 层次分析法

层次分析法（AHP）是将与决策总是有关的元素分解成目标、准则、方案等层次，在此基础之上进行定性和定量分析的决策方法。

5. 模糊综合评价法

模糊综合评价法是一种基于模糊数学的综合评标方法。该综合评价法根据模糊数学的隶属度理论把定性评价转化为定量评价，即用模糊数学对受到多种因素制约的事物或对象进行评价。

二、事业单位内部控制有效性评价指标体系的设计

（一）事业单位内部控制有效性评价指标体系设计原则

1. 可操作性原则

在选取事业单位内部控制的有效性评价指标时要考虑指标运用的可操作性，即要考虑指标值的测量和数据采集工作的可行性。若选取的指标无法将其量化，或者其量化的工作成本很高，既耗时又费力，不具有可行性，那么该指标就不具有可操作性，不应该将其作为指标考虑。

2. 全面性和系统性原则

全面性原则要求选取的指标尽量涵盖内部控制的各个方面，在评价对象上应包括事业单位各项业务活动、管理活动以及各项流程。同时在选取指标时还应遵循系统性原则。系统性原则要求设计的指标体系是科学的、系统的，可以准确反映事业单位内部控制指标之间的关系和层次结构。

3. 成本效益原则和重要性原则

实施事业单位内部控制有效性的评价工作必然会产生一定的成本费用，然而过多的成本费用会导致资源的浪费，体现不出评价工作的优势，所以在进行事业单位内部控制有效性的评价工作时，应遵循成本效益原则，在不影响评价结果的基础上合理控制成本费用的支出。另外，在选取评价指标时，还要遵循重要性原则，应根据事业单位的具体情况有所侧重，选取适当数量的评价指标，

保证指标选取的合理性。

（二）事业单位内部控制有效性综合评价体系的构建

对事业单位内部控制有效性的评价主要是从内部控制设计的完整性与执行的有效性两方面进行，内部控制设计完整性评价主要是评价事业单位设计的各项内部控制制度的完整性程度，内部控制执行有效性评价主要是评价各项内部控制制度在事业单位执行过程中的有效性程度。在COSO框架基础理论之上，参照《行政事业单位内部控制规范（试行）》《企业内部控制基本规范》以及《企业内部控制评价指引》，我们可以从内部控制的控制环境、风险评估、控制活动、信息与沟通、监督五个要素入手，选取评价事业单位内部控制有效性的20个主要指标，构建事业单位内部控制有效性评价的一个总框架，具体如图3-1所示。

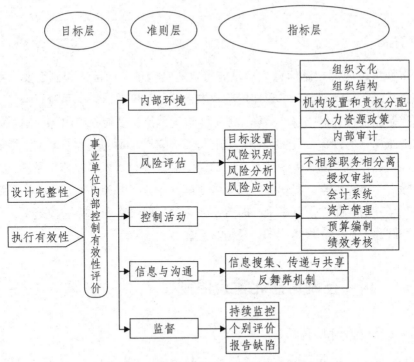

图3-1　事业单位内部控制有效性评价的总框架

第四章　事业单位内部控制信息化建设

第一节　事业单位内部控制信息化建设理论

事业单位内部控制信息化建设应有效地结合单位内部控制制度要求和现有信息系统，有计划、有步骤地把单位内部控制制度要求嵌入系统，确保单位内部控制制度和控制措施有效落地执行，防止单位制度流程和内部控制系统形成"两张皮"的现象。内部控制信息化应结合单位实际进行整体设计，根据单位管控重点，逐步将业务活动及其内部控制流程补充嵌入单位信息系统，减少或消除人为操纵因素，实现业务与业务之间、业务与财务之间、系统与系统之间的互联互通，保护信息安全，提高业务活动办理效率和风险防控效果，实现内部控制建设从"立规矩"向"见成效"转变。

一、内部控制信息化建设原则

（一）有效性原则

内部控制信息化建设，应有效执行外部政策文件和单位内部控制制度要求，确保外部政策和单位制度要求的有效落地；应有效管控单位业务活动风险，确保单位业务活动风险控制措施的有效执行；应保障业务活动的有效运行，提高单位业务活动管控效率。

（二）实用性原则

内部控制信息化建设，应紧扣单位业务管理实际和信息化现状，确保内控系统的实用性；在满足整体建设要求的前提下，将单位内控制度要求和内控措施嵌入单位业务活动管控系统，内控信息系统不是一个独立的系统，因此应保障单位业务活动的连贯性和系统数据的相互衔接，尽可能地减少投入、提高效益；系统业务活动应管控灵活、操作简单、功能实用。

（三）扩展性原则

内部控制信息化建设要结合单位现有信息系统、信息化相关规划和未来业务发展需要，确保系统建设的兼容性和扩展性，满足单位管理模式的变化、组织机构职能的调整、业务管控变化等，可实现系统与系统之间业务互联、数据共享。

二、内部控制信息化建设步骤

单位内部控制信息化建设步骤整体示意图如图 4-1 所示。

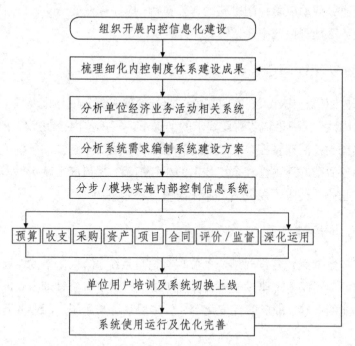

图 4-1　内部控制信息化建设步骤整体示意

（一）组织开展内控信息化建设

内控信息化建设应根据单位内控制度要求，设立内控信息化建设归口部门（以下简称"信息化部门"），结合单位内控建设整体规划、内控制度体系建设情况，组织各业务归口部门开展内控信息化建设，明确内控信息化部门、业务归口部门和监督检查部门等在内控信息化建设工作中的职责。信息化部门应与各部门有效沟通，整体掌握并整合业务部门信息化建设意见，根据内控建设计划，提出单位内控信息化建设规划方案建议，与各业务归口处室进行沟通确认，会同内控牵头部门申报单位内控信息化建设工作。

（二）梳理细化内控制度体系建设成果

信息化部门和内控牵头部门，应梳理单位内控制度体系建设成果，明确单位内控制度体系建设成果实现信息化落地的要素是否完整、细度（颗粒度）是否满足，列出相关要素和细度情况（已有的、缺失的），以评估内控信息化建设中需要补充和细化的制度体系相关内容。

信息化部门和各业务归口部门，根据单位内控制度流程框架，梳理制度流程的实际运行情况，明确各模块业务流程的信息化建设范围。

（三）分析单位经济业务活动相关系统

信息化部门和各业务归口部门，根据梳理的各模块业务流程信息化建设框架范围，分析单位当前使用系统（单位自行建设的信息系统、相关主管部门下发或要求使用的系统等）已覆盖的功能，细化各业务模块信息化建设范围、功能目录及与现有系统业务的衔接关系。

（四）分析系统需求，编制系统建设方案

信息化部门应会同相关部门，根据各业务模块信息化建设范围、功能目录及现有系统业务的衔接关系，深入各业务部门开展系统需求调研，细化信息化建设流程范围、功能描述、表单内容、报表样式等相关需求，编制各业务明细功能需求文档；细化内控系统与现有系统的业务关系、交互数据需求等，编制各业务模块系统交互需求文档。

信息化部门根据系统建设需求文档，进一步编制单位内控信息化建设方案，明确内控信息化建设思路、工作安排、建设需求范围、建设步骤、建设资金预算等相关内容，报单位审批后执行。

（五）分步 / 模块实施内部控制信息系统

信息化部门应按建设方案要求，组织业务需求部门开展内控信息系统实施工作，编制详细的系统建设实施计划，明确阶段建设工作内容和要求。各业务需求部门应负责系统需求确认、系统实现确认等，以确保系统建设符合单位业务管控实际。

（六）单位用户培训及系统切换上线

信息化部门应根据建设方案，准备内控系统正式使用的硬件和网络环境，确保系统运行硬件和网络符合相关要求。内控系统测试完成后，组织编制系统

用户操作手册，及时组织各业务部门相关人员开展系统操作培训，确保系统操作的规范。各业务部门应参与培训并反馈，根据切换要求，及时提供上线准备数据，确保数据准确、完整。

（七）系统使用运行及优化完善

系统正式运行后，信息化部门应及时收集业务部门反馈的系统使用意见，针对系统使用意见进行整改完善，确保制度管控要求嵌入系统，提高单位业务管控效率。

三、内部控制信息化建设指南

（一）单位层面内部控制信息化建设指南

1. 单位层面内部控制信息化架构

单位层面内部控制信息化主要是对单位内部控制组织机构、关键岗位人员、内部控制机制和内控制度流程整体层面的管理，包含的主要功能点和关联业务模块架构如图 4-2 所示。

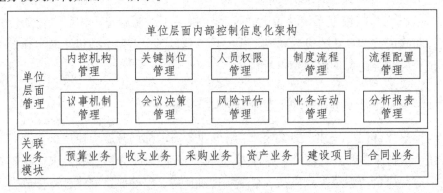

图 4-2　单位层面内部控制信息化架构

2. 关联业务交互控制

单位层面内控系统信息化是基础性管理模块，也是内控信息化综合内容展现模块；单位经济业务相关系统的组织、人员及权限管理与使用都应符合单位内控规范要求，应纳入系统跟踪监控；每一个经济业务实际流程运行情况，均可通过组织结构、业务流程、岗位人员、业务单据等不同维度进行穿透监管与综合展现。比如，会议决策结果是六个业务模块相关流程申请提报资料、审核审批重要内容，被相关业务流程引用，同时可追溯各决策事项执行结果。

3.部分系统功能示例

第一，单位内控建设及执行监管，综合查看单位六大业务制度手册、关键岗位、流程图及步骤要求、流程运行单据、流程风险及风险监控情况，可查看任意一项内容进行明细业务单据的穿透或追溯。

第二，单位内控制度和流程的管理，包括制度目录及内容（含附件）、流程目录及流程图（含附件）、流程关键节点信息等，业务人员可实时查看制度流程要求及操作步骤；同时，通过内控流程步骤建立与相关业务（内控）系统操作落地的对应关系，提取流程步骤相关要求，确保制度要求与实际执行或系统落地实现的一致性；同时，通过抽取各业务系统相关单据，实现对实际业务执行的监督。

第三，风险检测及跟踪，通过单位风险库对各风险清单管控要求进行系统管控规则配置，实现对系统业务活动规则管控和风险自动监控提醒，监督部门根据风险事件处理要求进行风险事件处理、跟踪、督办。

（二）预算业务信息化建设指南

1.预算业务信息化架构

预算业务信息化包括预算编审、预算执行、决算管理和绩效评价等内容，主要功能点、功能之间业务数据流向及关联业务模块基础构成如图4-3所示。

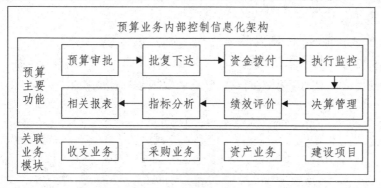

图4-3　预算业务内部控制信息化结构

2.关联业务交互控制

预算业务模块是单位经济活动的前置业务模块,单位应结合实际业务和财政相关系统模块功能进行补充。预算业务信息化实现中,预算编审应以财政预算标准化管理系统为基础,与单位建设项目概预算管理、政府采购预算编审、资产配置管理紧密关联,实现业务和数据的同步。预算分解下达后,相关支出业务的办理应以分解下达的预算指标为前提,实现内部指标管理和支出管控。绩效评价应与财政预算标准化管理平台相关功能衔接,评价结果能被主管部门和财政部门查询、使用。

3.部分系统功能示例

第一,单位与财政预算编审目前已通过财政预算标准化管理系统实现编制、审核的管控,实现了单位不同类型项目(如定额类、采购类、资产类等)预算编审控制,实现了预算编审"二上二下"的程序性、规范性控制。预算批复下达实现了财政到单位的批复下达管控,单位内部指标归口管理及分解下达应结合单位内部指标管控要求、归口分解要求,适当进行补充和完善,以确保单位内部分解效率及使用的归口管控。

第二,单位预算执行与分析,目前财政业务信息处理平台实现了财政指标下达及指标额度控制,确保"无指标不支出"的系统管控。单位应根据内部管理需要实现财政批复指标、内部管理指标、归口指标等多维度细化管理,实现不同维度指标的支出范围、支出标准、执行预警、预算执行监控和分析等,生成预算执行分析数据、记录指标执行分析结果、督办执行分析事项等。

(三)收支业务信息化建设指南

1.收支业务信息化架构

收支业务信息化包括收入管理、支出管理和债务管理的相关功能,主要功能点、功能之间业务数据流向及关联业务模块基础构成如图4-4所示。

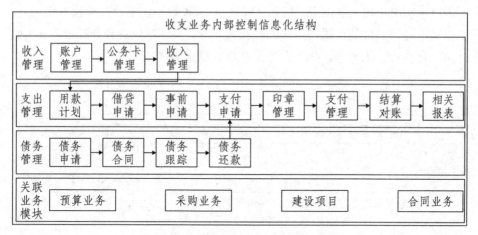

图4-4 收支业务内部控制信息化结构

2. 关联业务交互控制

收支业务模块是内控信息化的核心业务模块，单位应结合财政业务信息处理平台、会计核算系统和单位现有系统功能模块进行补充。在收支业务信息化实现中，管理相关基础数据信息（如账户信息、公务卡信息、支付业务类型、经济科目等），应以财政一体化系统为基准。支出申请应与采购结算、项目决算、合同结算实现业务关联和数据同步。支付管理应与财政业务信息处理平台或银行相互衔接，确保支付的安全便捷；支付完成后，会计核算系统自动生成支出业务核算凭证；支出管理应确保业务、支付和核算的规范及统一，从而提高单位工作效率。

3. 部分系统功能示例

以支出申请、支付办理及会计凭证生成为例，单位按照内控流程要求进行系统管控，支出管理系统中，在完成单位内部审批后，可通过系统接口自动把支付信息传递给财政业务信息处理平台进行支付，系统支付完成后自动生成会计核算凭证。支出申请及支付办理相关功能，可综合利用OCR智能识别、电子发票、电子签名、RPA（机器流程自动化）等技术提高业务办理效率和质量，如OCR智能识别技术，可实现手机自动扫描发票、自动识别发票金额及相关信息、自动生成支付申请单据；电子签名技术解决在线审核审批的数据安全问题；电子发票相关技术实现发票扫描后在线自动验真、去重等；RPA技术可实现一些系统间数据交互和降低会计重复操作问题；单位可结合实际，综合利用相关技术解决单位实际问题,如电子发票和 OCR 智能识别及存档技术使用后,可以实现电子会计凭证报销入账归档相关要求,实现单位业务办理智能化、会计核算自动化、档案电子化。业务及系统数据流向如图 4-5 所示。

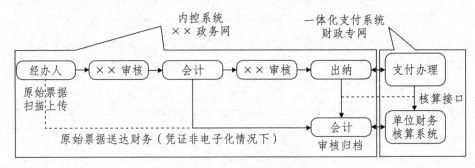

图 4-5 支出业务数据流向

在具体的支出申请及支付办理的系统功能实现中,需要注意几点:①支出业务流程控制,支出管理系统应确保系统支出业务流程和单位内控流程的一致性,确保内控流程落地执行。②支出业务标准控制,支出管理系统应实现支出费用标准配置控制,并确保单位标准不超出地方标准;系统标准配置后,业务人员进行业务申请或办理时,系统自动计算费用标准,超出标准系统自动预警控制,如会议标准配置。③支付办理控制,支出业务审核完成后通过财政业务信息处理平台进行支付办理,应确保支付申请与支付审核的不相容控制(U盾权限控制),保障支付的安全和及时,如财政业务信息处理平台支付办理。④支出凭证生成,单位在财政业务信息处理平台中支付完结后,会计核算系统根据支付信息自动(或接口导入)生成会计核算凭证,以实现支付和核算的业务衔接及数据同步。

(四)地方政府采购业务信息化建设指南

1. 地方政府采购业务信息化架构

地方政府采购业务信息化主要包含地方政府采购和单位自行采购的全采购业务过程管理,如采购预算与计划、采购申请与执行、采购验收与结算等,主要功能点、功能之间业务数据流向、关联业务模块基础构成如图 4-6 所示。

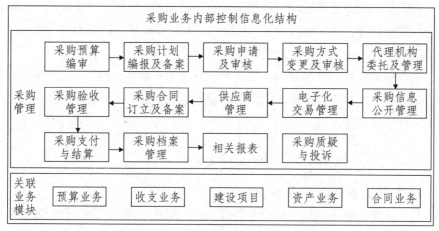

图 4-6 采购业务内部控制信息化结构

2. 关联业务交互控制

采购业务信息化应结合各级地方政府采购管理相关系统和单位现有系统，对单位采购业务系统化进行补充，以实现采购业务管控要求嵌入信息系统。采购业务信息化系统实现中，采购预算编审要与财政预算标准化管理系统相关联，确保预算编审的完整性；采购合同订立要与合同模块关联，实现采购和合同的同步；采购验收要与建设项目或资产管理模块关联，实现验收物资或服务进入相关建设项目或资产，确保账账相符；采购支付结算与支出申请关联，自动带出采购合同支付信息。

3. 部分系统功能示例

采购预算编审需按财政预算标准化管理平台系统要求完成采购预算编审批复，单位在政府采购管理系统中补充资金文号、上传预算文件，以便实施计划申报。

单位在年度预算批复下达后，编制采购计划并进行单位内部审核审批；单位完成内部审核后按政府采购管理系统要求进行采购计划（常规计划、入围招标计划、入围采购计划、追加合同计划）的备案／审核／审批，相关主管部门完成审核审批后，单位进行采购实施。

单位委托代理机构实施采购的，需要单位选择采购代理机构并完成内部审核审批后，通过政府采购管理系统办理委托代理机构的协议签订和采购实施业务。

采购验收是根据采购合同的明细项目进行验收，各参与验收部门对采购内容进行实地验收，出具验收意见；参与验收人员可根据采购类型进行配置，只有经验收确认的合同明细才能进行相应结算。

单位根据验收意见和采购合同支付信息发起采购合同结算，支付可针对合同的明细项（采购验收确认的明细）进行支付，完善相关支付信息后进行合同支付审核和办理。

（五）资产业务信息化建设指南

1. 资产业务信息化架构

资产业务信息化包括货币资金管理、资产配置、资产使用、资产处置及清查盘点等内容，主要功能点、功能之间业务数据流向及关联业务模块基础构成如图 4-7 所示。

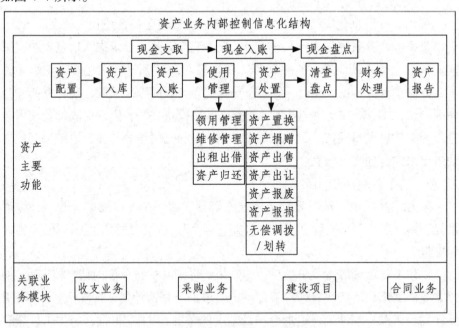

图 4-7　资产业务内部控制信息化结构

2. 关联业务交互控制

资产业务信息化应有效地结合行政事业单位资产管理信息系统和单位资产业务管理需要，对单位资产业务信息化建设进行适当补充，以实现资产业务管控要求嵌入信息系统管理。资产业务信息化系统实现中,资产配置功能要与财政预算编审功能相互衔接,满足预算管理要求;资产入库要与政府采购管理相互衔接,确保入库信息、入库手续的完备;资产入账要与资金支付功能相互关联,实现业务和数据的同步;资产维修、资产出租、资产处置等功能,应与收入或支付功能衔接;资产业务处理完成时,同时生成核算数据,确保资产业务与财务核算的数据同步与交互。

3. 部分系统功能示例

资产卡片管理相关功能,资产采购验收后生成资产卡片信息,记录资产入账、折旧及资产生命周期内业务单据等相关信息,有效管理资产使用情况。

资产处置管理根据地方资产处置管理要求实现系统控制,根据资产类型、处置类型、处置金额等实现不同的处置要件控制、审核审批程序,保障资产处置业务规范、处置要件齐全、处置程序合规。如资产处置申请表,选择相关资产明细后形成处置申请单,单位内部在权限范围内进行审核,报相关部门审批。

资产清查盘点根据资产管理系统内置的清查步骤,完成资产清查和各项业务数据的上传,保障资产清查业务的规范、数据的完整、要件的齐全;系统提供导出 EXCEL 盘点、导出条码信息等方式进行盘点,导入盘点结果数据后自动生成盘点差异数据。

(六)建设项目业务信息化建设指南

1. 建设项目业务信息化架构

建设项目业务信息化包含项目立项到竣工验收全项目周期过程,主要功能点、功能之间业务数据流向、关联业务模块基础构成如图4-8所示。

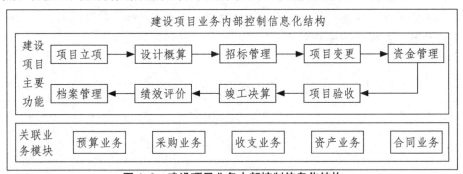

图4-8　建设项目业务内部控制信息化结构

2.关联业务交互控制

建设项目信息化应有效结合单位建设项目管理需求、资金管理要求和建设项目规模、数量、复杂程度，实现单位建设项目业务管控需求的嵌入。建设项目业务信息化实现中，建设项目立项、概预算管理要与预算编审功能、地方政府采购预算编审相互紧密关联，实现建设项目业务和预算编审数据的同步；项目资金管理要与预算指标管理、收支业务功能相互紧密关联，实现建设项目资金管理和相关数据的同步；项目招标管理要与政府采购实施、合同订立功能、资金支付功能相互紧密关联，实现建设项目执行各项业务与采购、合同、支付等业务的自动衔接和数据同步。

3.部分系统功能示例

建设项目执行管理中通过项目执行概览查看每一个建设项目的执行情况，具体查看建设项目相关的实施信息、绩效目标、资金收入、采购信息、合同信息、变更信息等，便于执行的跟踪和监管。

可根据项目类型、资金规模等控制项目变更内容，单位权限范围内相关人员根据实际发起项目变更申请，进行变更审核审批。

项目验收要选择项目验收信息和参与验收人员，确认后相关验收人员接收到验收任务，可查询项目执行明细及单据，查看项目过程附件资料，包含政府批复文件、领导批复文件、建设方案、实施方案等。

（七）合同业务信息化建设指南

1.合同业务信息化架构

合同业务信息化主要包含合同订立审批、合同履行监督、合同结项归档及其相关的资金与税务业务内容，主要功能点、功能之间业务数据流向、关联业务模块基础构成如图 4-9 所示。

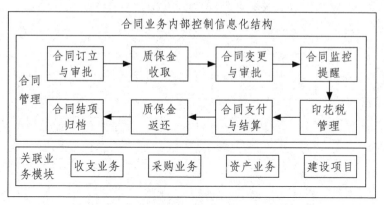

图 4-9　合同业务内部控制信息化结构

2. 关联业务交互控制

合同关联业务应结合单位合同业务类型和现有系统，实现单位合同业务管控要求的嵌入。合同业务信息化实现中，合同订立审批应与采购业务相关联，自动带出采购申请数据，合同收款、支付与收支关联模块相互衔接，合同结算与收支管理模块相关功能和单据自动关联、结转。

3. 部分系统功能示例

合同订立与审批由业务人员选择合同类型，登记合同基础信息、甲方信息、乙方信息、标的物、合同阶段（付款条件）、合同附件等相关信息后，根据单位内控流程发起合同审核审批。

合同执行提醒根据配置合同提醒规则（提醒触发条件、提醒人、提醒频率、关闭条件等），符合规则的合同，系统自动提醒相关人员进行合同收付款处理；也可以通过单位、部门或个人合同台账进行查看。

质保金收取与返还一般是附属于合同的子功能，根据合同类型及收取或支付质保金条款触发，合同签订后、合同收付款完成后（合同关闭前），系统自动提醒收取或支付质保金，发起并登记质保金业务办理。

（八）评价与监督信息化建设指南

1. 评价与监督业务信息化架构

评价与监督内部控制信息化包括规则管理、风险事件管理、自我评价、监

189

督整改等，主要功能点、关联业务模块示例如图 4-10 所示。

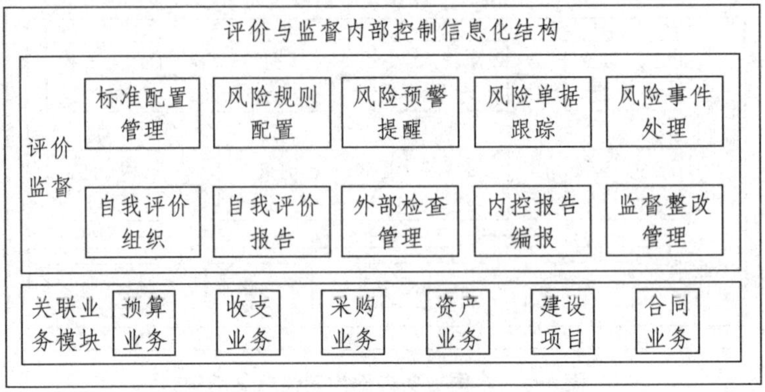

评价与监督内部控制信息化结构

| 评价监督 | 标准配置管理 | 风险规则配置 | 风险预警提醒 | 风险单据跟踪 | 风险事件处理 |
| | 自我评价组织 | 自我评价报告 | 外部检查管理 | 内控报告编报 | 监督整改管理 |

| 关联业务模块 | 预算业务 | 收支业务 | 采购业务 | 资产业务 | 建设项目 | 合同业务 |

图 4-10　评价与监督内部控制信息化结构

2. 关联业务交互控制

评价与监督应贯穿于内控系统各业务模块，风险规则相关基础配置，是内控系统和相关系统进行系统控制检查的基础，以实现系统业务监控自动提醒与跟踪处理；日常监督的风险单据处理，是各模块问题单据后续处理操作的依据；内控报告和外部监督，应提供内控报告和外部监督等主管部门需要的业务数据接口。

3. 部分系统功能示例

标准配置如下所示，根据国家和地方住宿费用标准进行配置，配置后相关系统涉及住宿费标准控制或校验的，调用相应的标准控制。

单位根据风险清单设置相应的风险预警提醒规则，风险触发机制结合不同业务类型进行设置后，映射风险预警提醒规则，前端业务发生后触发规则，实时产生预警提醒。

日常监督及整改，日常监督除在上述业务发生时自动提醒相关人员，还可以通过业务执行异常分析进行跟踪追溯。

日常监督检查中发现需要整改的，根据监督小组的决议和要求进行整改，并下达整改跟踪单据，整改牵头部门需要定期报送整改情况。

第二节　事业单位内部控制信息化建设实践

本节以 C 单位为例分析事业单位内部控制信息化建设。首先简介 C 单位内部控制的情况,然后分析 C 事业单位内控信息化转型升级设计与建设的实践。

一、C 事业单位内部控制概况

（一）C 事业单位概要

1. 单位简介

C 事业单位是以学校为主要营运模式,为了培养优秀的领导干部和国家公务员,同时作为主要渠道培训 C 市党员干部,加强党组织建设和思想教育,完善并加强理论建设研究,进行相关决策咨询的机构,是 C 市市委、市政府的重要单位。同时,C 事业单位目前在应用系统建设方面处于起步阶段,对于目前信息化发展程度而言,属于较为落后,亟须进行信息化改革,尤其是内部控制目前落后混乱,致使很多工作无法顺利进行。

2. 组织结构

C 事业单位内部机构部门设置如图 4-11 所示。

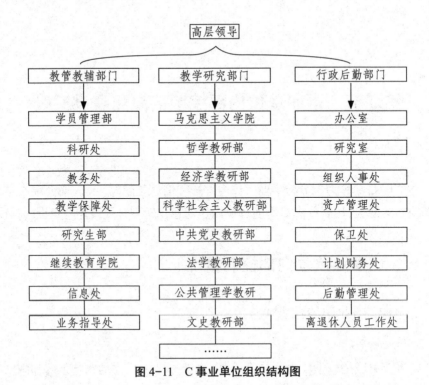

图 4-11 C 事业单位组织结构图

3. 主要业务

C 事业单位的主要业务主要包含以下几个方面：对县级以下各类干部进行骨干培训和宣讲活动，包括各个党派领导、储备干部等；针对刚刚入职、正在岗上、初级业务员等进行思想和工作上的学习教育，针对 C 市重大问题举办领导干部研讨班进行讨论和对策决议，同时开展相关理论研究；全年提升党内外人员整体的思想觉悟和政治素质，对各单位干部进行培训交流；针对中高级管理、研究等人才进行深度培养，并为相关机构提供政策咨询，帮助政府部门对相应理论进行深入研究；承担协助组织各区县党校工作管理，与相关职能部门进行合作，对相应单位的发展与经营进行督导和考评。

（二）C 事业单位内部控制情况

1. 单位层面的内部控制情况

（1）控制环境

高层决策方面：目前针对部分需要内部集体决策的重大事项，由 C 事业单位部门牵头组织集体委员会进行集体的研究决定，而涉及业务专业性高较为复杂的，则需要寻找相关领域专家汲取有用的意见，有时还可以组织技术咨询对相关专家提出的建议予以采纳。对于涉及员工们利益、需要广大员工知晓的事项，需要广泛征集员工建议并进行采纳。

相关管理部门及职能：财务处是校（院）内部控制工作的牵头部门，负责内部控制建设的组织协调工作；组织内部控制的学习培训；组织开展内部控制风险评估；组织开展内部控制评价；组织内部控制报告填报；同时负责预算管理、收支管理、货币类资产管理的制度及流程的制定、梳理和风险评估。除此之外，办公室负责对内部控制工作的督查督办，配合做好内部控制的组织协调工作；研究室负责意识形态风险防控，组织人事处负责对不相容岗位与职责分离控制制度的制定、梳理和风险评估；教学保障处负责配合做好内部控制相关工作；信息处负责配合做好内部控制信息化建设等相关工作；群团工作处负责配合做好内部控制风险评估、监督检查等工作；资产管理处负责资产管理（除货币资金部分）、政府采购管理、合同管理的制度及流程的制定、梳理和风险评估，协助做好内部控制工作宣传和重要文稿的起草等。

内部审计：C 事业单位并无独立的内部审计部门，而是由财务处牵头，定期对内部控制的相关情况进行内部审计与监察。

（2）控制活动

控制活动是指针对发现的或者潜在的风险采取相应举措，进而降低风险，以保证内部控制水平，从而进行可以确保风险控制的程序和政策。

第一，不相容岗位互相分离。C 事业单位按照规章制度要求将相关职责与权限进行部门和人员的分离措施，使职责之间与权限之间形成相互制约的工作场景，如编制与审核、会计与出纳、编制与执行、出纳与票据管理等。

第二，内部授权审批控制。C 事业单位的内部授权审批控制主要体现在收支管理的借款报销控制，借款人和经办人提出的报销和借款申请先由业务部门负责人审核，然后 5000 元以下的申请交由计划财务处进行审核；5000 元以上的申请交由分管领导进行审批，再交由计划财务处审核。

第三，归口管理。在遵守不相容岗位相互分离的规章制度情况下，由部门或人员牵头组织形成工作小组，对单位经济活动进行统一管理。

第四，财产保护控制。建立了资产日常管理制度和定期清查机制，采取资产记录、实物保管、定期盘点、账实核对等措施，确保资产安全完整。

第五，会计控制。主要包括五个方面内容：健全财会相关管理制度；加强会计组织建设，提高相关人员的专业能力和任职资格；对岗位职责进行明确，遵从不相容岗位分离，合理设置会计岗位；提高相关人员相关业务能力和职业道德水平；加强会计档案的管理，梳理相关处理程序，对相关资料加强管理，确保有据可依。

（3）内部监督

C 事业单位目前没有独立的内部监督组织和完善的内部监督机制，单位对内部控制的建立与对具体执行情况的监督均是通过外部负责机关进行负责和监督的，并且以每年一次为周期进行全面性的监督与检查。由于外部环境的不断变化，单位内部经济活动也在进行重大调整，对其内部控制管理要求和体系都产生了重大影响，需要更及时地进行监督和更加全面地检查，并且不定期根据具体情况开展针对内部控制项目的抽查活动，提高监督检查效率效果。

（4）风险评估

C 事业单位虽然没有进行线上风险监控，但也有内部控制风险机制，定期会进行评估。设定一定的风险控制目标，根据设定的目标对内部控制可能产生的风险进行全面的收集和系统的评估，为了达到控制内外部风险的目的，实现单位风险控制目标。结合 C 事业单位目前的实际情况，识别出可能的风险后，严格按照规范程序，对风险进行评估，客观考虑单位对风险的容忍度，确定应对策略。

C 事业单位目前并无独立的部门或人员来进行风险评估，而是由办公室牵头，组织有关人员组成一个单位的内部控制团队，对各部门的具体执行情况、机制建设的完成情况、制度的完善程度、关键岗位人员的管理、财务信息的真实情况进行全面的检查；业务层面，则是对预算、收支、资产、政府采购、合同管理等五大经济活动的风险进行评价。同时，公司的内部控制风险也会随着企业的内外部环境、经济活动、经营需求的改变而进行相应的反应。

通过对企业风险评价的分析，提出了一种基于风险评价的书面报告，以提高企业的内部控制水平。

（5）信息与沟通

2012 年，C 事业单位开启智慧建设项目，重点建成了组织人员管理系统、教务管理系统、学员管理系统、科研管理系统、图书馆管理系统、资产管理系统、研究生管理系统、一卡通管理系统、OA办公系统（部分功能）等信息系统，一定程度上覆盖了C事业单位主要的业务领域，提高了工作效率。从2015至今并未进行大规模信息化项目建设，大部分是基于智慧建设项目进行二次开发和拓展，整体而言，并未有足够涵盖所有业务的系统内部控制信息化系统，各个部门拥有大部分自发购买用来在本部门、处室使用的软件，甚至存在部分单机系统的情况，内部控制信息化混乱复杂，在实地调研中有小部分人员称目前的内控流程有时反而使工作变得更加麻烦和复杂。

可见，目前C事业单位的信息化程度已不足以满足现阶段的业务发展程度和使用需求。

2. 业务层面的内部控制情况

为了遵循国家对反腐倡廉的大力要求，杜绝一切造假行为，以此提高对公众服务的效率，该单位根据相关行政事业单位内控规范和报告管理制度的相关规定，结合C事业单位自身实际情况，编制了属于C事业单位的内部控制规定规范，目前处于试行阶段，主要业务控制分为以下五个部分。

（1）预算业务

预算工作由一系列的程序组成，C事业单位的工作重心主要放在了预算的制定上。C事业单位的预算编报内容分为两大类：①财务科按照主管机关的编制公告、资金拨付的控制数，编制工作部署；②各部门根据自身实际情况提出需求，并根据工作计划提供相关材料，如可行性报告、项目申报书等，交由财务处和主任审核，材料无误后由财务处汇总各部门测算后上报。所有部门都是根据零基础预算，不计前几年的开支，并且根据当年的实际状况进行计算。在预算编制完成后，预算的执行、调整和决算都需要相应地进行系统安排。由此分别设置了以下岗位，如表4-1所示。

表 4-1　预算业务相关岗位

岗位	岗位职能
预算编制岗	汇总编制并上报单位财政规划建议方案； 编制并上报年度预算方案； 分解年度预算并形成单位年度预算方案； 汇总并上报单位预算调整方案
预算审核岗	对单位财政方案进行审核； 对年度预算草案进行审核； 对单位预算调整方案及逆行审核
预算执行岗	编制预算执行统计表；
决算编制岗	编制并上报单位决算草案； 编制并上报预算绩效评价报告
决算审核岗	对决算草案进行审核； 对预算绩效评价报告进行审核

（2）收支业务

C 事业单位的收入和支出的数量多、工作量大。收支的业务过程可分成收入和支出两部分。C 事业单位收入包括财政拨款、事业收入、其他收入，其中以事业收入为主，由财务部进行会计核算。所有的收入都用于单位的经营活动，所有的支出都用于人员、公用等。财政支出严格按照财政、法律、法规的规定，杜绝了用现金进行报销，以转账、公证卡等方式结算。部门的开支申报由主管部门填写，并提交给各部门的主管，经审批后，财务主管和主管进行审核，收银员支付。收支管理的岗位设置如表 4-2 所示。

表 4-2　收支业务相关岗位

岗位	岗位职能
会计岗	负责各项收入的录入及记账工作以及月末核对； 负责非税收入的会计核算与分析； 负责单位财务报表的编制工作； 负责单位支出的核算与记账； 汇总编制单位财务分析报告； 编制银行余额调节表
审核复核岗	审核各类报销原始凭证的真实性、合法性、合理性； 对日常会计记账进行有效复核

续　表

岗位	岗位职能
出纳岗	负责银行账户开立、注销及日常管理； 负责日常报销工作的录入与支付； 负责项目、经费及财政资金的支付； 负责支票的接收和保管工作； 负责法定票据的开具； 负责各项收入的收取工作； 负责资金的保管工作
票据管理	对决算草案进行审核； 对预算绩效评价报告进行审核

（3）政府采购

采购是 C 事业单位的一项重大活动，采购项目包括办公用品、食堂食材、培训教材、教具、宾馆住宿用品等。采购流程包括三个阶段：①制定和审查采购方案，根据各部门的需要编制采购方案，并提交主管部门批准，上报办公室，将采购需求汇总，上报财务，由主管审批，由办公室根据采购内容决定采购方案。②根据采购内容，确定采购方法，依据《政府采购法》和《政府采购条例》，采购的一般方法有公开招标、邀请招标、询价采购、协议供货、定点采购等，C 事业单位根据采购特点，采取邀请招标采购、协议供货和定点采购等方式。③确定资金的支付方法，以采购合同或合同为准，以保障资金和财产的安全为原则。采购过程中的三个环节都具有很强的可操作性，其选择的合理性直接影响到资金的支付以及采购项目的质量。目前设置了以下岗位，如表4-3所示。

表4-3　政府采购业务相关岗位

岗位	岗位职能
政府采购管理岗	负责单位政府采购项目的监督管理工作
	负责采购合同的监督工作
	负责采购活动的申报工作
	负责采购项目验收工作

（4）合同业务

当前，C 事业单位的合同管理重点放在了合同的签订上。签约的流程是，各部门先提一系列的需求，副经理签字确认后，办公室和各科室会根据各自的业务特点进行合同谈判，最后上报到院长办公室，再由各部门签署。在合同实施中，一般业务部门主要负责合同的实施和协调，而其他部门的工作则相对较少。目前岗位设置见表4-4。

表4-4　合同业务相关岗位

岗位	岗位职能
合同管理岗	负责单位合同的归口管理
	负责合同内容的复核工作
	负责合同台账的建立
	负责合同执行情况的跟进
	负责合同纠纷处理

（5）资产管理

目前资产管理业务相关岗位设置见表4-5。

表4-5　资产管理业务相关岗位

岗位	岗位职能
资产管理岗	负责资产管理系统的操作
	负责资产登记、管理的工作
	负责资产的盘点
	负责资产处置工作

（三）C事业单位内部控制问题

1. 单位层面的内部控制问题

鉴于字面调查存在一定主观差异性，所以笔者同样进行了针对不同高层的走访调查，结合问卷调查结果和走访调查结果，笔者认为C事业单位目前在单位层面存在以下问题。

（1）内部控制流于形式

C事业单位整体并不是很看重系统的内部控制管理方式，甚至除了高层领导几人外，其余单位员工均对内部控制的概念较为模糊，自身无法界定内部控制的范围，内部控制管理程度也停留在皮毛层面。目前单位内部相关的内部控制制度是在2021年制定的试行版本，其内容更拘泥于理想化状态，与单位内部实际业务有一定的脱节，致使单位整体内部控制管理较为混乱，流于形式。

（2）信息孤岛严重

目前 C 事业单位仅有部分部门开始运用信息化系统，但均是"各自为政"，不同的部门根据自己部门的需求对外进行信息化系统的采购而未进行整体的贯通，不仅存在许多单机系统，还产生了大量系统无法进行数据对接的情况，反而增加了事业单位内部控制整体信息化管理的建设难度。各部门信息的不流通造成了大量的信息孤岛和信息不对称的现象，增加了日常业务运营过程的风险。

（3）部分工作效率低下

目前 C 事业单位大量的信息传递、进程推进和数据录入等都是通过人工的方式进行的，比如报销单据的问题需要几天时间反复人工电话确认、单机系统的信息需要手工反复录入、原始凭证的传递需要人工跑腿递交，如果负责人不在，还需要选择另一个时间重复往返等。这些无疑都耗费了大量的时间和精力，大大增加了单位内部的人工成本，造成工作效率低下，影响了整个单位的运作效率。

2. 业务层面的内部控制问题

结合问卷调查结果和走访调查结果，笔者认为 C 事业单位目前在单位层面存在以下问题。

（1）预算执行周期长

目前 C 事业单位并没有关于预算的信息化系统，仍停留于纸质化工作，也就是说其数据只能统计和反映到财务处，其他部门并不能实时跟进预算的执行情况，同时如果有一些突然的项目需要预算，就需要花大量的时间进行预算调整、上报、审核、下批，或者将其他项目的预算"借"到这个项目中来，使整个预算执行周期非常的麻烦和冗长，甚至存在年底突击完成的现象，导致预算费用使用效率不高，同时也使财务处的人员有很大的工作压力。

（2）报销流程烦琐

收支结算仍是由报销人向财务部提交原始凭证，并在原始单据上注明事项、联系方式等，由财务负责人现场核对后，才能进行制作。如果在制作单证的时候遇到问题，可以通过电话与报销人取得联系，但由于原始单据上没有相应的资料，所以财务部门要想与有关的人取得联系，就必须进行大量的工作。这样的话，报销的时间就会更长，需要很长一段时间才能拿到，而且还要把纸质材料交给会计。如果在报销过程中遇到问题，与报销人员联络也会变得更加困难。由于业务规模庞大，在报销高峰期往往会遇到排队的现象，报销人员的工作量很大，有的甚至无法实现当日报销。

（3）政府采购盲目

政府采购目前 5000 元限额以上的业务是利用政府采购云平台发起采购，但其过程同 5000 元限额以下的采购一样均是通过内部线下流程进行处理，并没有实行采购全流程的严格管理及线上审批，导致部分采购的软件或物品并未进行充分的利用，而是在单位内部进行限制，造成了重复采购或过度采购。

（4）资产利用效率低

目前的资产系统仅限于对资产名目、购置信息、使用信息等信息的登记，并且该信息系统处于独立状态，无法和其他系统互通，所以资产数据需要进行多次手动录入，同时无法查看资产的折旧情况，资产借用归还也需要手动录入，处理时间长，人工成本高，资产使用效率不高，目前还存在一些资产闲置且重复购买的现象。

（5）合同信息不统一

各部门的合同资料并不统一，各部门在履行完合同后都要归档，因为没有一个统一的合约管理体系，所以各部门的合同文件都是不一样的，所以合同的编号也没有统一的规定。这就导致了当某些业务需要使用合同时，各个部门不能及时地找到相应的合同和资料，从而给采购和资产管理工作带来了困难。

（四）C 事业单位内控信息化转型升级的必要性与可行性

1. 内控信息化转型升级的必要性

从 1997 年至今，C 事业单位拥有足够的人资储备和资本底蕴，是 C 市重点事业单位，遵循国家各项相关规章制度，单位内部也有一套规章制度准则，目前 C 事业单位仍处于发展扩张阶段，仍在开拓相关业务，顺应国企事业单位改革潮流，处于壮大时期。作为事业单位，其业务特性决定了单位随着规模的扩张，所面对的风险也会越发趋于繁多，业务运转过程如果不及时进行梳理变通，容易出现效率低下和停滞的状态，而通过信息化可以达到对内部控制管理的目的，全面有效地对各重点业务流程关键点进行实时把控，为单位的业务快速扩张保驾护航。同时 C 事业单位作为市重点事业单位，其内部业务较为冗杂，各个部门较为封闭未进行贯通，形成了大量的数据孤岛，单位需要通过信息化技术提高内部控制水平，全面增强单位实力，以成为标杆单位为目的进行改革发展。

2. 内控信息化转型升级的可行性

（1）高层信息化意识分析

目前在国家和地方的国家事业单位数字化转型政策扶持下，C 事业单位高层对于实施信息化、逐步实现事业单位数字化改革的态度是积极的，并且也了解过相关领域的技术和知识，同时借鉴了一些同类型事业单位在内部控制方面信息化的成功案例，认为这种形式确实是现在的时代趋势。可以说，高层的思考方向与本文的研究方向是一致的，也是本文研究的可行性基础。

（2）事业单位信息化内控实例分析

目前国内已有大量事业单位成功实施内部控制信息化的案例，C 事业单位可以从已经成功实施的案例中，如自然资源部（原国土资源部）、国家文物局、外交部、浙江省工商局、吉林省检察院等内部控制信息化平台，汲取成功经验、总结失败教训，通过分析思考打造适合自身的内部控制信息化系统。

（3）信息技术水平分析

一方面，经过笔者的走访调查，C 事业单位已有一定信息化基础，现有智慧系统、一卡通系统、OA 办公系统、资产管理系统、人事管理系统、教务管理系统、学员管理系统、图书管理系统等等。信息系统对业务覆盖面尚不完全，且各系统均是独立运行，缺乏接口，无法进行数据关联、汇总和分析，造成了大量的信息孤岛。以下为各现有信息系统概况，如表 4-6 所示。

表 4-6　C 事业单位信息化现状

序号	系统名称	使用情况
1	智慧系统	频繁
2	一卡通系统	频繁
3	OA 办公系统	频繁
4	资产管理系统	较少
5	人事管理系统	较少
6	教务管理系统	频繁
7	学员管理系统	频繁
8	图书管理系统	较少

另一方面，我国近几年在信息技术方面的研究和发展取得了飞速的进步，并且保持着高速持续发展的势头，到了今天，大数据、人工智能、物联网、云计算

等新技术的应用领域也得到了扩展。尤其是 2017 年后，国家开始下达各项政策大力推进国家事业单位的数字化转型以及国企改革，越来越多的事业单位从未进行信息化到采用信息化，从少量信息化到大量信息化，不知不觉我们已处于"第三次工业革命"的浪潮之中。先进、高效的信息技术与管控手段，在给予传统事业单位管控方式以冲击的同时，更多的是带来了更好的发展方式和进步机会，对传统的管理和运营模式带来了极大的改变。目前我国的信息技术已经达到世界前列水平，也出现了越来越多优秀的科技公司，基于此我国有了坚实的内部控制信息化、智能化的基础。互联网是现代信息传递与共享的媒介，C 事业单位要全面实行有效的内部控制管控就应当利用信息化技术进行转型。随着时代的发展和科技的进步，高级管理层在内控方面的认知程度也逐渐加深，C 事业单位近几年也逐渐意识到了信息化应用水平的壮大和信息化改革的重要性。

二、C 事业单位内控信息化转型升级设计

（一）C 事业单位内控信息化转型升级的框架设计

1. 信息化转型的总体架构

C 事业单位内部控制信息化建设架构，如图 4-12 所示。

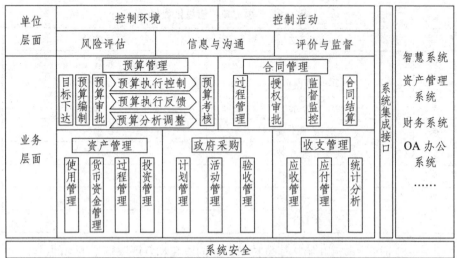

图 4-12　C 事业单位内部控制信息化建设架构

结合内部控制五要素，在保证系统安全的前提下，与单位内的智慧系统、资产管理系统、财务系统、OA办公系统等形成接口对接，方便新系统与目前工作现状更有效率地进行契合，同时增加业务层面的功能。

预算管理模块包括预算发布、预算编制、预算审批、预算执行控制、预算执行反馈、预算执行调整、预算考核等。

收支管理模块需要加强收支管理，严格实行账外账收缴分离，票款一致，明确内部审批、审核、支付、核算、归档等职责权限，加强债务核对和控制。

合同管理模块包括过程管理、授权审批、监督监督、合同结算等方面，合同管理与预算管理、收支管理相结合，合同授权审批、合同签字、合同专用章的管理，并对合同履行情况进行监督，并按合同履行情况办理合同结算。

资产管理模块包括使用管理、货币资金管理、过程管理和投资管理，保证资产的安全和有效使用，加强货币资金的核查和控制，加强资产的全过程管理，加强对外投资管理。

政府采购管理模块包括计划管理、活动管理、验收管理等功能。

2.单位层面内控的相关策略

（1）优化内部控制组织结构

合理的机构结构是实现内部控制的前提，是实现企业内部控制信息系统的重要前提。C事业单位应设立独立的内部控制职能部门，明确各机构的职责和权限，并对全单位进行全面的内部控制，而且这个部门应该是由单位的主管直接领导，与单位的各种活动无关，这样才能确保公司的内部控制工作不会受到外界的影响，才能顺利地执行。内部控制部门要对各个处室和部门进行全面的组织和协调，对自身的经营过程进行全面的排查，并将各项业务管理制度落实到位。同时，加强审计、纪检监察机关的独立性，加强各部门的内部控制，提高内部控制的效果。只有确保监管机构的监督工作不受外界因素的影响，使其在内部控制中的作用得以充分发挥，才能使其在实践中更加有效地实施。

（2）健全内部控制信息化制度

C事业单位在进行内部控制信息化建设的过程中，要结合过去和现在的业务流程和单位情况建立新的相关制度和体系，积极梳理调整单位内部组织体系，完善管理体系、健全管理制度，落实具体部门职责与岗位职责，建立健全绩效考核制度并与薪酬管理制度挂钩。设立内部控制信息化平台的总管理员、系统管理员等岗位，同时明确主要负责部门和责任处室。强化各部门、各处室协调配合，对内部控制信息化建设及相关应用发展工作予以重视，并定期开会讨论，实现规划效益最大化。

（3）信息化接口整理

目前 C 事业单位的信息化软件较为混杂混乱，存在非常大的信息隔阂，产生了非常多的信息孤岛，甚至存在单机系统的现象，无法与其他系统产生联动。C 事业单位应就目前较为重要的一些信息化系统，如 OA 办公管理系统、一卡通系统、智慧系统、资产管理系统等，进行接口对接工作或二次开发，也可以找寻值得信赖的第三方信息化开发公司，进行整体的内部控制信息化系统的建设，实现对目前信息化系统的整理整备和统一管理，并建设总体的内部控制系统，以满足目前日常工作和管理的需要。

（二）C 事业单位预算业务内控信息化转型升级设计

1. 预算业务内控信息化流程

首先，C 机构要建立相应的预算组，建立相应的权限，通过信息化的方式进行预算的编制，对各部门的预算申请进行监督，并进行实时调整，避免以往的烦琐过程，减少造成的影响，解决一部分过去数据孤岛现象严重的问题。

预算管理模块主要包括目标下达、预算编制、预算审批、预算执行控制、预算执行反馈、预算执行调整、预算考核等功能，不管是预算管理环节、方案，还是预算的主要批准、审核、调整等步骤都能够使用系统来达到管理标准，并通过信息和邮件的方式实现线上沟通，达到预警效果。

主要流程设计如下所示。

（1）预算编制

预算编制流程如图 4-13 所示。

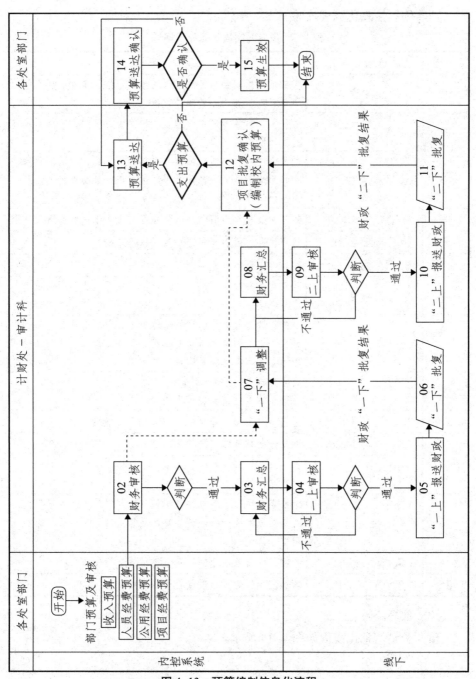

图4-13　预算编制信息化流程

预算编制信息化流程描述如表 4-7 所示。

表 4-7　预算编制信息化流程描述

序号	流程节点	流程描述
01	收入预算申报及审批	各部门根据实际情况进行收入预算申报，申报后提交部门负责人、部门分管领导审批
02	财务审核	财务人员对各部门申报的收入预算进行审核，审核不通过的退回项目申报进行修改
03	财务汇总	财务将所有审核通过的收入预算进行汇总，与支出预算一起形成"一上"预算上报草案，提交分管预算领导及财务处领导审批，审批通过后上报校委会审议
04	"一上"审核	校领导及校委会对"一上"预算上报草案进行审议
05	"一上"上报财政	将审议通过的预算报送财政局进行审核
06	"一下"批复	财政"一下"批复
07	"一下"调整	计划财务处根据财政"一下"批复结果对收入预算申报进行调整
08	财务汇总	财务将调整后的收入预算进行汇总，与支出预算一起形成"二上"预算上报草案，提交财务处领导、校分管财务领导、常务副校长审核
09	二上审核	财务处领导、校分管财务领导、常务副校长审核依次对"二上"预算上报草案进行审核
10	"二上"报送财政	"二上"预算上报草案审核通过后上报财政
11	"二下"批复	财政批复预算即"二下"
12	项目批复确认	计划财务处根据财政"二下"批复预算结果进行编制校内预算，并提交校委会审议
13	预算送达	经校委会通过后的校内预算将支出预算最终批复结果送达给对应部门，将人员经费批复结果内容送达给组织人事处
14	预算送达确认	各部门就财务送达的预算批复结果进行确认
15	预算生效	各部门确认完成后则项目预算生效

（2）预算调整

预算调整信息化流程如图 4-14 所示。

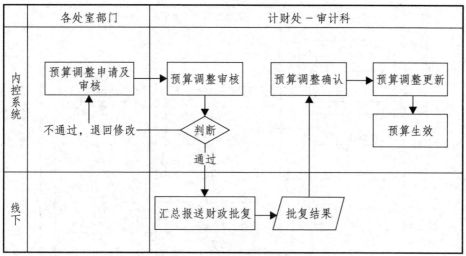

图 4-14　预算调整信息化流程

预算调整业务信息化流程描述如表 4-8 所示。

表 4-8　预算调整业务信息化流程描述

序号	流程节点	流程描述
01	预算调整申请及审核	各处室部门申请预算调整并提交领导审批
02	预算调整审核	对各部门提交的预算调整申请单进行审核
03	汇总报送财政批复	审核通过后汇总报送财政进行批复
04	预算调整确认	调整确认无误后则进行预算调整更新
05	预算调整更新	调整确认无误后则进行预算调整更新
06	预算生效	调整更新后则预算生效，后续可进行预算控制

（3）绩效管理

绩效管理信息化流程如图 4-15 所示。

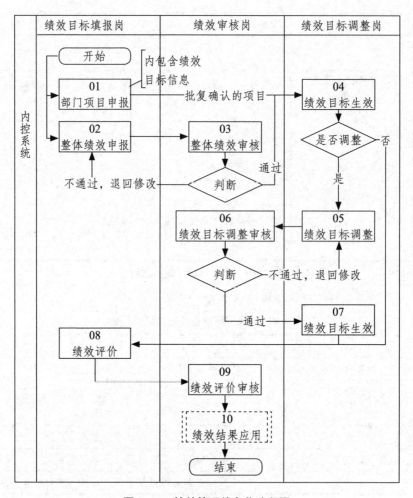

图 4-15 绩效管理信息化流程图

绩效管理信息化流程描述如表 4-9 所示。

表 4-9 绩效管理信息化流程描述

序号	流程节点	流程描述
01	部门项目申报	各处室部门进行项目申报，内包含绩效目标信息
02	整体绩效申报	各处室部门进行整体绩效申报
03	整体绩效审核	相关领导对处室部门申报的整体绩效进行审核
04	绩效目标生效	项目绩效：项目申报财政批复成功后，项目绩效目标生效 部门绩效：部门绩效目标审核通过后，部门绩效目标生效

序号	流程节点	流程描述
05	绩效目标调整	对绩效目标进行调整
06	绩效目标调整审核	对调整后的绩效目标进行审核，审核通过后绩效目标生效；若不通过，则退回调整
07	绩效目标生效	绩效目标调整审核通过后生效
08	绩效评价	部门对项目绩效和部门绩效进行自评，第三方单位对重点项目进行绩效评价
09	绩效审核	对绩效评价结果进行审核
10	绩效结果应用	单位根据绩效评价结果进行应用

2. 预算业务内控的相关策略

预算业务的线上管理需要在 C 事业单位进行统一业务和审批流整理的时候开始建设，就目前的情况来看，C 事业单位首先要做的就是加强预算执行与考核。

（1）提高预算的执行力度

C 事业单位在预算管理中要充分发挥预算对经济运行的制约功能，加强对各部门预算的控制。首先，要根据所批复的财政预算，对预算目标进行分解、下发，以提高预算执行的效果。其次，计划财务部门要定期对各个部门的预算执行情况进行检查和分析，及时掌握各个部门和部门的预算执行情况，从而促进预算的落实。加强对单位内部预算调整的审核和申请，防止出现超支、经常变更的情况，确保预算的严肃性。

（2）健全预算绩效考核机制

预算绩效评价是 C 事业单位财务预算管理的最终环节。在年度末，C 事业单位的计划财务部门要对各部门进行考评，并依据他们的实际情况，实行奖惩制度。对预算执行情况比较好的部门和单位给予表彰，对预算超支、执行率低的部门和人员要给予一定的批评，同时将预算结果作为依据对下一年度进行评估，可以提高单位的预算管理的科学性。

（三）C 事业单位收支业务内控信息化转型升级设计

1. 收支业务内控信息化流程

收支管理信息化流程如图 4-16、图 4-17 所示。

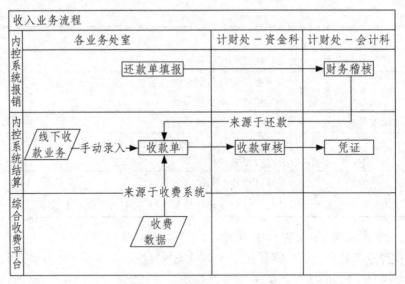

图 4-16　收入管理信息化流程

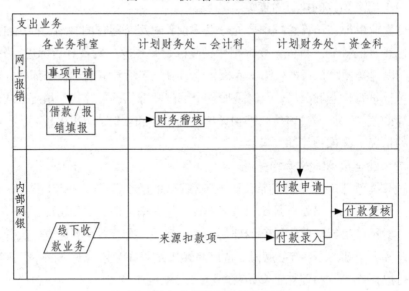

图 4-17　支出管理信息化流程

收支管理信息化流程描述如表 4-10、表 4-11 所示。

表 4-10　收入管理信息化流程描述

序号	流程节点	流程描述
01	收费单	在综合收费平台中发生收入业务时，通过接口传递至内控系统形成对应的收款单
02	收款审核	对传递过来的收款单进行审核
03	凭证	对审核无误的收款单，可以生成对应的会计凭证
04	单据填报	各处室部门填报还款单，并关联借款单据
05	财务稽核	财务人员对报销单进行稽核，稽核通过则进入结算环节，稽核不通过则退回
06	结算	资金结算

表 4-11　支出管理信息化流程描述

序号	流程节点	流程描述
01	事项申请	各处室部门填报对应的事项申请单，提交审批。提交时校验预算执行情况
02	借款/报销填报	根据实际业务填写借款单或报销填写并提交
03	财务稽核	会计人员根据已经审批通过的单据进行稽核，检查金额、附件票据登记信息
04	付款申请	出纳人员根据已经审批通过的支付申请单提交付款申请
05	付款录入	出纳人员根据银行直接扣款或者工资发放等业务事后补录付款信息
06	付款复核	根据出纳提交且被审批通过的单据进行信息复核并生成会计凭证

2. 收支业务内控的相关策略

针对目前 C 事业单位的情况，首先要强化收支业务的控制水平。C 事业单位各部门应对所属部门的各种收支进行归类。在营业收入方面，财务部门应对各种收入进行归口管理，并根据不同的业务类型，制定相应的业务和服务体系，以及相应的收费标准。同时，计划财务处要加强对有收支项目和单位的监管，督促其按时足额缴清相关资金，防止出现挪用现象。

在支出业务上，要健全各项支出的控制体系，明确各支出的归口管理机构和费用的范围、标准。做好"关口前移"工作，落实"事前申报""审批"等工作程序。另外，要加强对财务收支的审计，加强对财务报表的审计。报账的文件必须由有关人员签名后方可报销，而没有签字手续的文件则全部退回，以杜绝在票据审查过程中出现人脉问题。内部审计机关要充分发挥其监管职能，不定期对财务报表进行核查, 并对其发生的真实性进行核查和分析。对不符合规定的, 如有关负责人未签字或有关原始单据丢失的, 要明确责任人, 严格督促整改, 加大开支审查。

（四）C 事业单位采购业务内控信息化转型升级设计

1. 采购业务内控信息化流程

采购管理信息化流程如图 4-18 所示。

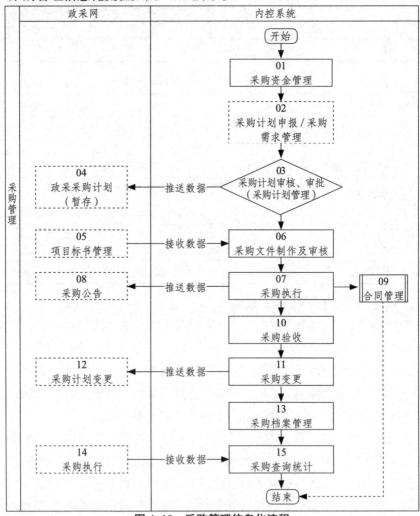

图 4-18 采购管理信息化流程

采购管理信息化流程描述如表4-12所示。

表4-12 采购管理信息化流程描述

序号	节点描述	流程描述
01	采购资金管理	采购预算的申报和数据收集,通过系统各部门可实现采购项目和采购预算的申报,采购管理部门可通过系统自动汇总采购预算数据并形成报表
02	采购计划申报	主要包含集中采购申请和自主采购申请。使用部门/承办部门根据需求和实际情况提出采购申请,并根据实际情况填写采购申请表内容和上传采购项目需求文件
03	采购计划管理	集中采购申请、零星采购申请提交后,完成采购部门内部的审批流程,内控系统将审批数据推送到智慧系统中进行审批,审批完成后返回审批结果到内控系统
04	采购需求管理	采购申报部门通过填写采购申请单,根据经费预算和资产配置计划提出合理的采购需求
05	采购文件制作及审核	在系统中以附件形式记录标书初稿文件、定稿文件和修改建议,以实现系统中留痕
06	采购执行	采购执行主要实现采购申请到采购结算的采购全流程的管理
07	合同管理	在合同管理中登记采购合同,推送数据到智慧系统中进行审批
08	采购验收	通过采购验收申请单录入验收情况,验收报告作为附件上传
09	采购变更	如果发生采购变更,发起项目变更申请,各项变更支撑资料作为附件上传
10	采购档案管理	对电子采购档案进行管理,包括但不限于采购申报表、招投标文件、评标报告、合同、会议记录、验收、支付等采购附件
11	采购查询统计	支持分配权限,根据权限对采购流程中的各类数据进行查询、统计

2. 采购业务内控的相关策略

首先要加强对政府采购的规划和预算的科学性。C事业单位要加强对政府购买的预算进行严格的管理,加强对其的制约作用。要对各部门进行的政府采购预算编制工作进行全面的前期调研,掌握所需采购材料的价格变动幅度、供货容量等相关资料。采购部要安排相关专家对大型采购项目进行论证,防止采购过程中出现重复采购和经费不足的问题。其次,采购工作一般都是专业性很高的工作,因此,采购部要组建一支高素质的专业采购团队。要强化采购专业技术人才的培训,确立采购工作的准入条件,明确其工作范围,增强整个采购队伍的综合能力,从而使企业的采购工作更加专业化。

　　同时,要改变采购的观念,验收组要按照规定的验收流程,对所购买的材料进行质量和数量上的检验,确保所购买的材料的质量,并编制验收报告。同时,在对高端精密仪器等进行评审时,要由相关专业人员组成评审委员会,对其进行评审,并提出验收建议。同时,要加强采购工作的监管,要强化对各部门的稽查,切实履行对采购合同签订、采购招标和验收等关键环节的监管。针对存在的问题,要及时进行反馈,并督促其进行改进,以达到最大限度地利用财政资源。

(五)C事业单位合同管理内控信息化转型升级设计

1. 合同管理内控信息化流程

合同管理信息化流程如图4-19所示。

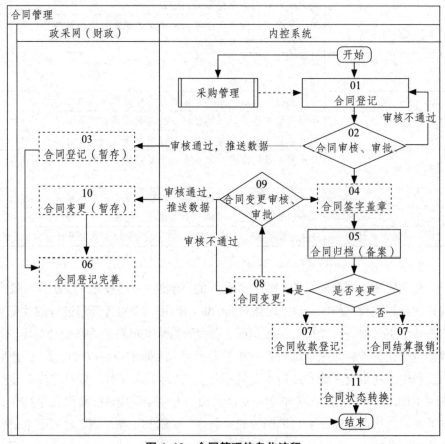

图4-19　合同管理信息化流程

合同管理信息化流程描述如表 4–13 所示。

表 4-13 合同管理信息化流程描述

序号	节点描述	流程描述
01	合同登记	业务部门经办根据线下草拟的合同，对合同信息进行登记，登记完成后提交审批
02	合同审核与审批	合同登记提交后由相应的审核人员进行审核操作
03	合同签字盖章	合同审批通过后线下进行合同的签字与盖章
04	合同归档	合同签订后，承办部门将采购合同报送资产管理处备案
05	合同登记完善	政府采购合同签订后完善合同登记信息
06	合同结算报销	若合同无变更，采购承办部门按照合同约定和财务管理规定收款合同，填写合同收款登记，支付合同填报、合同结算报销单
07	合同变更	承办部门负责跟踪该合同的执行情况，若合同执行期间有变更选择合同提交、合同变更处理流程
08	合同变更审核与审批	合同变更申请提交后由相应的审核人员进行审核操作

2. 合同管理内控的相关策略

信息化转型不能一蹴而就，要从策略上同步进行，所以 C 事业单位应设立合同的归口管理机构，负责从制定到存档等环节，对所有经济业务合同进行统一、规范化的管理。首先，针对单位的不同类型，分别制订规范的合同和代码规范，以确定其签约的具体内容。其次，要对经济贸易协议的审批程序进行规范化，在与企业进行经济贸易的签约前，首先要经过经办机构的初步审查，然后再进行第二轮的审查，最终由经办人批准。同时，合同的归口管理部门也要加强对其实施的跟踪和监督，确保其按时完成，并在发生合同争议的时候及时解决。在合同的存档上，归口单位要将各个单位和部门所签的经济合同分类，并按时、准确地保存。

另外，C 事业单位还应当运用信息技术，对合同签订、履行、变更、完成等环节进行全程追踪和记录。同时，该合同管理体系要实现与财务的有效对接，实现信息共享，使各合同的归口管理人员和计划财务部能够及时、精确地掌握合约执行状况和资金的交付状况，减少合同的经济风险。

（六）C事业单位资产管理内控信息化转型升级设计

1. 资产管理内控信息化流程
资产管理信息化流程如图4-20所示。

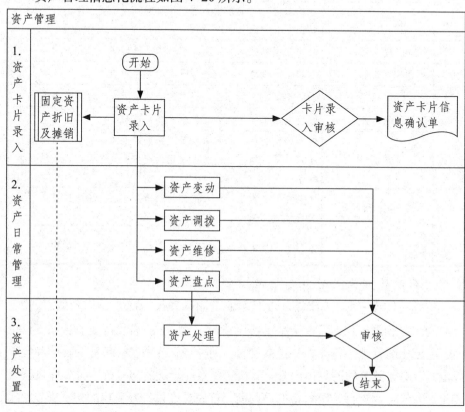

图4-20 资产管理信息化流程

资产管理信息化流程描述如表4-14所示。

表4-14 资产管理信息化流程描述

序号	节点描述	流程描述
01	资产卡片录入	资产管理岗或者资产归口管理岗录入资产卡片信息
02	资产变动	资产归口管理岗对资产变更信息进行管理，当资产的状态、使用权等相关信息发生了变动，填写资产变动相关信息，上传变动资料等附件

序号	节点描述	流程描述
03	资产调拨	机构拆分合并、人员变动等，需要进行资产调剂，转出部门提交转移申请，转入部门确认，资产科进行备案
04	资产维修	由使用人填写资产维修申请表，报部门负责人审核维修
05	资产盘点	资产管理处的单位资产管理员根据资产明细打印资产盘点表，会同分类归口管理部门、计划财务处及资产使用人共同盘点固定资产，查看资产存放、数量及使用状况
06	资产处置	资产使用部门提交资产处置申请和有关材料，归口管理部门对使用部门的处置申请材料进行审核

2. 资产管理内控的相关策略

建立一个资源共享的平台，可以强化事业单位的日常经营。C事业单位的财产管理部门要设立电子档案，搞好企业的财产资料，制订严密的财产清册和清点制度，对各部门的财产进行定期的清点和盘点，并编制报表。此外还要进行经常性的核对，做到账目相符。对企业的财产进行动态的经营，以提升企业的使用效益。财产管理部门要健全企业的财务管理信息体系，通过对各部门的清查和盘点，建立一个统一的企业内部资源共享平台，各单位均能利用该信息，掌握单位各项资源的使用状况和状态等，并能在该平台上提出各项资源使用要求。资产处按照不同的职能需要，对效率不高、不能使用的财产进行适当的配置，节省人力物力，防止重复购买，使企业的财产得到最大程度的使用。

三、C事业单位内控信息化转型的保障措施与预期效果

由上面分析可以看出，目前信息化程度落后是造成C事业单位内部控制水平低的主要原因之一，并且单位内部对信息化的需求程度也非常高，所以针对这种情况，笔者将对C事业单位内部控制信息化建设进行设计和建议，以解决目前C事业单位内部控制存在的问题。

（一）C事业单位内控信息化转型的保障措施

1. 组织保障

领导层的支持是信息化建设工程的最大推进动力，也是内部控制信息化成功有效实施的保障，只有安排专门的负责人对信息化建设进行推进、跟踪并加以反馈，才能顺利地进行，而领导层则是第一人选。只要高层领导足够支持、有充分的信息化意识，并对信息化系统的建设是积极的，那么从"头"开始进行信息化建设，就有了足够的保障。作为C事业单位的头部力量，高层领导要成为单位内部控制信息化实施项目的第一负责人，从上至下贯彻信息化意识，确保信息化实施能够顺利、有序地进行。同时设立相应的管理机构，明确每一个阶段的实施内容和实施成果，让关键使用人员跟踪参与信息化调研、设计和模拟，确保其实用性、实效性和可行性。

2. 人员保障

内部控制信息化的建设是需要足够成本投入的，作为国家重要事业单位的C事业单位，其资金是具有一定保障的，在预算范围内，进行内部控制信息化建设，反而会改善当前的业务现状，提高业务处理效率，大大增加单位的运作效能，增加经济收入。首先要确保重点建设任务的资金投入，保持回报与投入对等的意识。其次是人才的需求，要不断构建合理的人才梯队，培养、引进、充实信息化人才队伍，在单位内成立专门的信息化建设责任小组，主动熟悉并了解相关技能和操作，同时能够捕捉市场的最新信息，帮助单位与时俱进。同时对承担内部控制信息化建设的合作伙伴提供开发资源保障，比如专业的技术团队驻场运维、和第三方厂商充分协作、日常工作需求的基础资源等，按照科学方法论做好保障。

3. 制度保障

根据《网络安全法》、国家网络安全级别及分级防护体系的相关规定，对网络安全的保障工作进行全面的规范，不断完善优化先进实用、安全可靠、立体防护的国资监管网络信息安全保障体系。从管理和技术两方面入手，提升网络安全态势感知、检测预警和应急处置能力，切实提升安全防护和主动防御能力。

（二）内控信息化建设的预期效果

1. 单位层面的预期效果

（1）控制环境

从整体调研结果来看，C事业单位高层领导虽然具有一定程度的内部控制意识，但是并没有具体的控制方法和控制手段，对于内部控制范围的业务也并不熟悉。通过信息化建设，在C事业单位内部做成一套成体系的内部控制信息化系统，不仅可以帮助C事业单位解决目前对外、对内以及各部门之间的数据孤岛问题，打通信息壁垒，还可以帮助单位上下形成良好的内部控制观念，增强员工在单位内部控制管理上的参与感，从而形成一个良好的内部控制环境。当单位整体的信息流通效率有了明显的提升之后，员工对高层的信息反馈也会更加具有时效性和价值性，可以帮助高层领导根据实际情况，更好、更快、更专业地进行决策。

同样的，建立起内部控制信息化系统，也可以提高内部审计的针对性和工作的有效性。不断完善信息化建设，可以不断加强单位内审人员对单位整体工作监督的时效性，可以更加及时有效地发现问题，并加以纠正，做到及时止损。

目前C事业单位有主要的五个业务，但是落实到具体工作中不免出现因工作内容繁杂而导致一人多职或责任追溯混乱的情况，因此在内部控制信息化建设的过程中，可以通过数据收集、需求反应以及流程设计，规范C事业单位业务流程，避免一份工作"今天你做明天我做"的随意现象。

（3）内部监督

为了保证C事业单位内部监督的有效进行，仅仅通过不断制定有关的制度和规定是远远不够的，还要落到实处去，结合实际工作才能形成有效的内部监督。通过内部控制信息化系统建设，可以进行更加合理的分工。在信息系统中建立专门的监督部门，建立起内部监督评价体系，明确各岗位的职责和原则，更快地发现内部控制中的薄弱部分，可以利用信息化技术的新手段，使整个内部监督有效地运作起来。

（4）风险评估

将C事业单位目前仅存于内控手册上"风险评估"相关的规章制度落实到实际工作中来，利用信息化技术，形成风险识别、风险分析、风险评价等完整的风险评估流程，可以及时发现单位内部控制管理中的薄弱点，并及时进行维护和加强，保障 C 事业单位内部控制的良好运行和风险防范。

（5）信息与沟通

通过规范审批流程，可以落实每项业务的责任人或责任部门，增强工作的时效性、有效性，杜绝员工和部门之间的责任推脱现象。同时，通过规范工作流程，将数据上网，可以更快、更有效地处理每日冗杂的信息，帮助部门之间打破信息壁垒，提高部门之间、员工之间、上下级之间的工作协同效率，使 C 事业单位的控制活动水平不断提升，增强信息沟通效率，提高 C 事业单位信息化水平，向新时代事业单位不断发展。

2. 业务层面的预期效果

（1）预算业务

从预算业务来看，可以加强预算执行力度、清晰预算职责、明确预算管理的分工，增强预算执行的计划管理，使整个预算过程客观、可控；同时可以增加线上预算指标考核，通过预先设置的预算指标考核体系和参数，实时跟进各部门预算的执行情况，避免人为主观因素，且增强控制的时效性。

（2）收支业务

从收支业务来看，可以提供更加便携的报销流程。目前 C 事业单位仍采取纸质报销流程，需人工跑腿去财务处进行报销申请，纸质单据过多，容易出现丢失损毁情况，且不利于事后查询。利用信息化技术实施电子报销，不仅可以大大提高报销的简便性，提升工作效率，而且可以完美地控制整个报销的支出情况，并且可以查询历史记录。

（3）政府采购业务

从政府采购业务来看，可以规范整个采购操作流程，使整个采购流程和审批流程更加完善和严谨。

（4）合同业务

从合同业务来看，将合同进行线上管理，建立关键词、时间、名称等搜索词条，方便需要时查询，同时将合同档案进行电子备份，可以保证其完好性和安全性。

（5）资产管理业务

从资产管理业务来看，利用资产卡片对国有资产进行严密且有效的管理，充分保证事业单位国有资产的安全性和管理的有效性，可以大大加强资产管理的强度以及资产的使用效率。

参考文献

[1] 胡波.事业单位内部控制体系构建及应用研究 [J].行政事业资产与财务,2022(22): 61-63.

[2] 金柯含.事业单位内部控制信息化转型升级研究 [D].重庆:重庆工商大学,2022.

[3] 李爱华.事业单位预算管理研究 [M].长春:吉林出版集团股份有限公司,2021.

[4] 李玲,龚凤兰,高严,等.行政事业单位预算管理实证研究 [M].沈阳:东北财经大学出版社,2010.

[5] 李英.行政事业单位行政行为内部控制框架体系研究 [M].沈阳:东北财经大学出版社,2016.

[6] 梁一奇.行政单位内部控制有效性评价研究 [D].济南:山东财经大学,2020.

[7] 刘东华.行政事业单位内部控制研究 [D].大连:东北财经大学,2021.

[8] 秦璐璐,张燕燕.行政事业单位内部控制信息化建设 [J].网络安全和信息化,2022（12）:4-6.

[9] 施可可.行政事业单位内部控制建设探究 [J].行政事业资产与财务,2022（23）: 45-47.

[10] 王桂玲.某行政事业单位内部控制系统中收支管理子系统的设计与实现 [D].北京:北京邮电大学,2020.

[11] 王健琪,黄毅勤.新编事业单位会计 [M].北京:中国市场出版社,2013.

[12] 王威然,黄芝花.行政事业单位会计 [M].北京:北京理工大学出版社,2018.

[13] 王小乐.事业单位内部控制存在的问题和优化探究 [J].今日财富（中国知识产权）,2021（11）:76-78.

[14] 徐娟.事业单位内部控制信息化建设刍议 [J].纳税,2023,17（9）:49-51.

[15] 杨晓梅.探究事业单位内部控制的优化路径 [J].质量与市场,2023（2）:94-96.

[16] 张俊民 . 内部控制理论与实务 [M]. 沈阳：东北财经大学出版社，2016.

[17] 张新 . 事业单位内部控制策略初探 [J]. 质量与市场，2022（8）：91-93.

[18] 张雪芬，倪丹悦 . 行政事业单位会计 [M]. 苏州：苏州大学出版社，2018.

[19] 赵小刚 . 行政事业单位内部控制评价模式研究 [M]. 北京：中国财富出版社，2016.

[20] 中华人民共和国财政部 . 行政事业单位内部控制规范 2017 年版 [M]. 上海：立信会计出版社，2017.

[21] 朱光亮，骆伟琼，杨眉 . 新制度下行政事业单位会计信息系统更新升级的几点建议 [J]. 财务与会计，2019（4）：77-78.

[22] 纵红岗 . 浅析行政事业单位的风险评估和控制方法 [J]. 大众投资指南，2018（13）：61.